THE ART OF HUMAN CONNECTION

眼神交流

建立心与心的连接

世界图书出版公司
北京·广州·上海·西安

[美]布莱恩·格雷泽(BRIAN GRAZER) 著　向帮友 译

图书在版编目(CIP)数据

眼神交流:建立心与心的连接 / (美)布莱恩·格雷泽著;向帮友译. –– 北京:世界图书出版有限公司北京分公司, 2020.8(2023.4重印)

书名原文:Face to Face:The Art of Human Connection

ISBN 978-7-5192-7614-0

Ⅰ.①眼… Ⅱ.①布… ②向… Ⅲ.①人际关系学 Ⅳ.①C912.11

中国版本图书馆CIP数据核字(2020)第118159号

Simplified Chinese Translation copyright © 2020

By Beijing Qianqiu Zhiye Publishing Co., Ltd.

FACE TO FACE:The Art of Human Connection

Original English Language edition

Copyright © 2019 by Brian Grazer

All Rights Reserved.

Published by arrangement with the original publisher, Simon & Schuster, Inc.

书　　名	眼神交流:建立心与心的连接
	YANSHEN JIAOLIU : JIANLI XIN YU XIN DE LIANJIE
著　　者	[美]布莱恩·格雷泽
译　　者	向帮友
责任编辑	尹天怡　李　静
特约编辑	兰红新
装帧设计	园　里
出版发行	世界图书出版有限公司北京分公司
地　　址	北京市东城区朝内大街137号
邮　　编	100010
电　　话	010-64038355(发行)64037380(客服)64033507(总编室)
网　　址	http://www.wpcbj.com.cn
邮　　箱	wpcbjst@vip.163.com
销　　售	各地新华书店
印　　刷	唐山富达印务有限公司
开　　本	880 mm×1230 mm　1/32
印　　张	8.5
字　　数	140千字
版　　次	2020年9月第1版
印　　次	2023年4月第2次印刷
版权登记	01-2020-4397
国际书号	ISBN 978-7-5192-7614-0
定　　价	46.00元

如有质量或印装问题,请拨打售后服务电话010-82838515

正确的眼神交流具有磁性，是一个强大的吸引力来源。

＊在当今日益数字化的社会，布莱恩·格雷泽带我们踏上了他的与人建立连接的个人之旅。他向我们展示了自己是如何通过眼神交流这一简单的步骤，让自己的人生发生转变的，并希望这一步骤也能改变你的人生。本书是当今时代的必读书之一。

——尼尔·布卢门撒尔（Neil Blumenthal）
瓦尔比派克眼镜公司（Warby Parker）
联合创始人、首席执行官（CEO）

＊在当今数字时代，对人类而言，连接意味着一切。布莱恩·格雷泽通过一个个引人入胜的个人故事，号召人们采取行动，与他人进行眼神交流。《眼神交流》一书所传达的信息对当今时代至关重要。

——安妮·沃西基（Anne Wojcicki）
23andMe 联合创始人、首席执行官

＊我记得布莱恩无数次通过眼神交流，将不可能转变为可能。在这本新书中，他深入分析了眼神交流这一重大课题，解释了人们通过眼神交流在商业和人生中取得成功的深层原因。

——朗·霍华德（Ron Howard）
奥斯卡最佳导演奖获得者

＊在当今时代，人与人之间的连接日益受到各种电子产品的干扰。这本引人入胜的书籍向人们展示了通过真正与人进行眼神交流，我们的生活会发生怎样的变化。布莱恩·格雷泽在书中采用极具个性的故事，向人们展示了眼神交流这一简单的举动是怎样改变你的一生的。

——阿里安娜·赫芬顿（Arianna Huffington）
《赫芬顿邮报》（*Huffington Post*）网站创始人
Thrive Global 首席执行官

✱布莱恩的天赋在于，他能够抓住人们行事方式的本质，更重要的是，他还能解释人们这样做的深层原因。他的故事及洞察力能使你敞开心扉，迫切地想要与他人建立连接。

——吉米·约维内（Jimmy Iovine）
企业家

✱布莱恩·格雷泽是我见过的最有趣的或者说好奇心最强的人。《眼神交流》一书是人与人建立连接的行为指南。在我认识的人当中，只有布莱恩·格雷泽才能写出这样的书来。

——安杰拉·达克沃思（Angela Duckworth）
《坚毅》（*Grit*）一书作者

✱被动连接与主动连接不是一回事。我们只有在与人面对面地进行眼神交流时，才能建立生命中至关重要的、有意义的连接。在建立主动连接这方面，布莱恩·格雷泽是大师。《眼神交流》一书通过讲述布莱恩亲身经历的故事，指导人们应该如何用更深入、更有意义的方式与他人建立连接，是一本宝贵的指南。

——西蒙·斯涅克（Simon Sinek），乐观主义者
著有《从"为什么"开始》（*Start With Why*）
《团队领导最后吃饭》（*Leaders Eat Last*）

谨以此书

献给我的妻子及灵魂伴侣维罗妮卡 (Veronica)

你对我的一切都了如指掌

"布莱恩，当我和你说话的时候，请你看着我！"

现在距离我上小学那会儿已经过去好些年了，但是我的小学老师詹金斯小姐找我谈话时的场景，我仍记忆犹新。每次她找我谈话时，我都会浑身直冒冷汗、心跳加速、眼神四处游移，不敢直视她。

对其他人而言，詹金斯小姐可能并不那么可怕，但她绝对会把我吓个半死。有一次，她认为我没有专心听课，于是把我叫到教室外面，用木板狠狠地抽打我的脸颊，在我的脸颊上留下一道红肿的伤痕。詹金斯小姐的坏脾气倒是其次，真正把我吓坏的是，她只要让我回答问题，就会让我羞愧得无地自容，因为我几乎从来都回答不上来她的问题。她一次又一次地让我在全班同学面前承认自己什么都不会，这让我颜面扫地。其他同学在我背后嘲笑我，甚至还开起了玩笑，这让我比被打脸更加难受。于是，我每天早上都害怕去上学，因为我知道，在学校里等待我的将会是詹金斯小姐的问题，以及更多的羞辱。

毋庸讳言，我想尽了各种办法来回避詹金斯小姐的眼神，有时甚至恨不得躲在课桌底下（我真的很想试试这个办法）。每当她提出一个问题，然后扫视全班同学来找人回答时，我都会把头转向另一边，或者假装咳嗽。我会想出各种各样的借口逃避回答问题：假装上厕所、假装肚子疼，甚至假装脚指头烂了。然而，我通常采取的逃避手段是避免与她产生眼神交流。在我那个年纪，回避眼神交流是切断连接的终极法宝。我想，如果我不和詹金斯小姐产生眼神交流，那么她就不会叫我回答问题了，这样我就能避免一场灾难。当我看见班上其他同学也采取同样的动作时，我明白他们可能也是在转移视线，以避免发生尴尬的情景。

当然，"试图去避开詹金斯小姐的注意力"这种做法并不总是奏效。每当她叫我回答问题时，我都不会朝她的方向瞥一眼以示我听到了，而是两眼盯着天花板，或者黑板，又或者我的双脚。我想，如果我不朝她看，也许她就会转移注意力；也许她会怜悯我，找别人回答问题；也许我整个人消失了，那样她就再也看不到我了。虽然希望渺茫，但如果这意味着我可以避免回答她的问题,不在朋友和同学面前显得自己一窍不通,那么这种做法还是值得一试的。

事实是上学对我来说太难了。我之所以在课堂上回答不上来问题,是因为我完成不了作业,我之所以完成不了作业,是因为阅读对我来说非常困难,我看不懂书本上单词的意思。我无法辨别这些单词的含义,无法在心里默读它们,无法将书上的符号与日常使用的熟悉语言联系起来。现在回想起来,我当时应当是患有阅读障碍。不幸的是,当时人们还不知道那叫"阅读障碍"。当时,人们想当然地认为,如果一个人的阅读能力差,那么这肯定是因为这个人懒惰或者愚蠢。

家庭环境也使我备受折磨。在通常情况下,我好不容易熬到放学,回到家里,却发现父母在争吵。他们总是不停地争吵,有时候甚至冲着对方大喊大叫,而争吵的缘由通常是不知道该拿我怎么办,或者是否要让我留级。但他们很少在我面前谈起这些事。简而言之,童年时期,我几乎一直是在孤独和焦虑当中度过的。

我真的很感谢我慈祥的祖母索尼娅,是她帮我找回一些自信,使我在上高中后,学业状况有所改善。祖母身高仅 4 英尺 10 英寸(约 1.47 米),是一位典型的犹太人。她一直都很相信我,并试图强化我的各项优势，其中一项就是口头交流。相比阅读，我一直更加擅长口头交流。祖母常常会拉着我的手，告诉我："布莱恩，你在口才方面很有天赋。你要继续保持下去，永远不要停止问问题！"我内心越是接受这些信息，我在学校时就越有信心。于是，我开始问别人问题，并自愿加入讨论当中。我不再回避老师，而是专心地投入对话，与他们保持连接。不久我就发现，当老师和同学讲话时，看着他们能让我更好地理解他们所说的内容。我越是集中注意力认真倾听，就越容易理解他们谈话的内容。上小学时，我一直试图切断联系，回避与他人进行眼神交流，以为这样做老师就不会叫我回答问题了。事实上，这反而使得学习变得更加困难。

当我进入南加州大学（University of Southern California）就读时，"赌注"（学费）增加了，压力也随之攀升。大学是一个完全不同的竞技场，我必须变得足智多谋，掌握必备的技能，才能在毕业后施展才华。于是，我利用自己在青少年时期养成的习惯，将注意力聚焦在教授身上，打破传统课堂的局限性，找到了和他们交流的方法。下课后，我会将教授拦住，或者在专门的师生互动时间去找他们（这是我最喜欢的方式），那样我就能和他们讨论课堂上的内容。在私密的环境中问问题，进行面对面的交流,让我能够用全新的方式去理解学科内容,并运用所学的知识去解决问题。

　　加入学习小组也有同样的益处。在与同学进行面对面交流时,我既能从交谈中学习,也学会了理解他人的言外之意。他们成了我的人生指南和备忘录。我越来越擅长倾听,可以从他们的表情和身体语言中寻找言语之外的线索。我注意到,当我将注意力集中在某个人的身上时,对方就能够感受到我对他们感兴趣,也更加愿意与我交流、分享。在这些谈话当中,我不停地问让课堂内容变得更有针对性的问题,比如:"我们为何要上物理课呢?""物理是如何运用到现实生活中的?"又或者问一些有关他们的想法和感觉的试探性问题,比如:"你为什么要这样做?""这对你有何影响?"有时候我们会争论不休,有时候我们的意见又十分吻合。但是,这种你来我往的交谈方式要比课堂上单向交流的方式有趣得多。通过面对面的交谈,我竭尽所能地理解各种各样的信息,我的智力因此而得到开发,视野也得到了拓展。更别提我是多么乐在其中了!

　　大三时,我决定选修高等化学,班上的同学都是全校出类拔萃的人。上了第一节课后,我就发现,这门课对我来说实在太难了。然而,随着课程的继续开展,我发现自己的提问要比班上大多数同学的提问更加深刻，更加发人深省。当我问教授他认为化学界最难解的谜题是什么时，我能看出他的眼神里透露出来的尊重。我清楚地记得那一瞬间：也许我也是一个聪明的孩子。神奇的是，我越是频繁地与别人建立连接，我从教育中受益就越多，我的自信心也就越强。我的身上好像开始展现出来一股超能量。

当我意识到这项技能后，我的人生就自然而然地开始向好的方向发展了。我知道，这听起来像是老生常谈，但事实就是如此。这在很大程度上解释了我为何会成为现在这样。我之前从未想到过自己有一天会出书，因为一直以来，我都是在制作电影和电视剧。但是，多年来我任由好奇心驱使，进行了所谓的"好奇心交谈"，即通过与有趣的陌生人进行交谈来了解某个人或者某件事，于是我决定创作自己的第一本书——《压榨式提问》（*A Curious Mind: The Secret to a Bigger Life*）。在那本书中，我探索了好奇心带来的愉悦感，以及它那足以改变生命的力量。接着，我开始思考，这些"好奇心交谈"到底是如何起作用的，它们的影响力为什么如此巨大？我很快就意识到，让"好奇心交谈"发挥作用的是与他人建立连接，即与他人进行眼神交流，向他们释放一种信号的能力：我想真正地倾听我们的谈话内容，并从中学习。弄明白如何与他人建立连接，可能是我在人生中学会的最重要的技能。我每天都在运用这项技能，比如在谈判中、在电影制作中、在与朋友交谈时等，特别是在新环境中运用得更多。建立人与人之间的连接，矫正了我的人生轨迹，否则，我的人生将会因为学习无能的困扰而变得不同。幸运的是，我发现了这些技能，它们使我的生活变得更加充实。

我对于连接的认识来自自身的经历和直觉。然而，这一认识有无数的研究在背后做支撑。例如，哈佛大学研究员罗伯特·瓦尔丁格（Robert Waldinger）博士发现，那些与家人、朋友和邻居建立了更为密切连接的人，要比那些不怎么与他人建立连接的人更加幸福、健康和长寿。其他研究表明，良好的人际关系或许能够保护我们的大脑，帮助我们保持良好的记忆力。这意味着，在如何照顾自己方面，与他人保持连接和锻炼身体以及保持良好的饮食习惯同样重要。[1]

当我读到这类研究报告，思考建立连接的能力对自身所造成的深刻影响时，我不禁担忧。在当今世界，我们似乎正在丧失这项对自身健康、幸福和成功至关重要的能力。我们总是谋求在飞速变化的时代里不断前进，反而不愿意花时间去关注眼前的人，我们缺乏与他人逐步建立有意义的关系的耐心。我们如今只顾着如何进行快速的、事务性的交流。我发现在商业场合尤其如此——人们更在意如何推进项目，如何把事情搞定，而不是去认识对方，了解对方的动机和关注点。实际上，彼此相互了解，无论是从短期目标还是从长远角度来看，基本上是办成一切事情的最有效的方式。

科技只会使这个问题更加恶化。回想一下你所熟悉的场景：一对夫妇在外用餐，各自盯着手机翻看Instagram（一款移动社交应用）上的信息，甚至都不抬头看对方一眼；又如孩子想要得到父母的关注，而父母却只顾着敲击屏幕；再如在会议室里，一群主管都在查看邮件，对汇报人所讲的内容漠不关心。每天，我们都在采取一些方式来回避与眼前的人进行面对面的交谈。在此，我首先承认，我们手中的手机的确给我们带来了很多好处，并且，我也特别喜欢在我家后院里发布吃早餐的视频。但是，我们越是沉迷于这些电子设备，让社交媒体占据我们的注意力，我们就越会以牺牲真实连接为代价来换取虚拟连接，而这两种连接所带来的回报是不可相提并论的。

虽然我们之间的连接比以往任何时候都进行得更为频繁，但是许多人内心的孤立感和孤独感却越发强烈。在一项针对美国19~32岁人群的研究中，排名前25%的社交媒体用户内心产生孤独感的概率是那些很少使用社交媒体的用户概率的2倍。诚然，在互联网和社交媒体出现之前，人们的孤独感早就已经存在了。但是，人们之间的疏远程度目前似乎提高到了一个新的水平。如今，接近半数的美国人声称自己是孤独的。[2]在英国，孤独问题严重到需要任命首任"孤独大臣"。[3]我敢说，如今人们极度渴望建立真实的社交关系、找到归属感，以及被他人知晓和得到他人的理解。

人们之所以在建立连接方面表现糟糕，一个主要原因就是，我们正在丧失与他人进行眼神交流的能力、机会和渴望。越是关注手中的电子设备，而不是眼前的人，越是通过短信、邮件和社交媒体发送信息进行沟通，而不是与他人见面、进行面对面的交流，我们就越习惯地盯着手中的屏幕，而不是互相对视。这种行为习惯造成的损失是巨大的。当今的研究表明，缺乏眼神接触的婴儿更容易出现神经和脑功能障碍，缺乏眼神接触的儿童和成年人，可能会出现更多的心理问题[4]。然而，我并不需要这些研究来告诉我，这些我本来就知道的事实。我只需要想想自己在上小学时错过了多少次与他人进行眼神交流的机会就够了，那时候，我一直试图回避和我的老师进行眼神交流。

当然，在面对面的交流过程中，人们采取多种方式来帮助自己与他人进行更清晰的交流，以及找到正确的处理各种关系的方法。然而,对我而言,眼神交流无疑是最重要的一种方式,它就像是人与人建立连接的Wi-Fi。Wi-Fi能够将人们与互联网上的无穷的信息连接在一起,眼神交流也能开启无限的可能性,因为你只需要看对方一眼,就足以抓住对方的注意力、擦出火花、产生吸引力,搭建一座通往真实连接的桥梁。与他人进行眼神交流,除了让我变成更专注、积极的聆听者之外,还使我处处留意,更加有自知之明。它赋予我内在的力量和自信,而这就是眼神交流的魅力所在。

没有人愿意与眼睛四处张望的人进行交谈,也没有人愿意与眼睛一直盯着手机屏幕的人进行沟通。与他人进行交流时,怀着真实的兴趣,看着对方的眼睛,表明你在专注地倾听对方的话,而这是你获得对方尊重和认可的第一步,它传达出一个信号:我重视你。对于建立一段意义非凡的关系而言,好奇心、信任、亲密、共情和易感性是至关重要的起点。真正看着对方的眼睛时,我们是在告诉对方:我在注视着你。我们与他人进行眼神交流其实是在识别对方的人性,反过来,对方也可以识别我们的人性。

尽管眼神交流听起来可能只和人际关系有关,但我现在可以告诉你,它会改变所有的关系。实际上,你与人进行眼神交流的能力的强弱决定了你能否找到一份工作、能否受到同事的信任、手头的项目能否顺利地进行下去。它要么成就你的事业，要么毁掉你的事业。是的，看着对方的眼睛，虽然只是小事一桩，但却影响非凡。毕竟，无论是在办公场所还是在另外一些职业场合，我们仍然是活生生的人类。

在一个我们的注意力要么集中于下方，要么分散到别处的世界里，抬起头，与另一个人进行眼神交流，这样一个简单的动作就能带来巨大的转变。如今，无论是在商业场合，还是在社交场合，当我看到有人能娴熟地与他人进行眼神交流时，都会惊诧不已。有人冷静地看着我，深入灵魂，对我产生真正的兴趣，这种感觉很奇特，也很真实。我会因此而记住这些人。在如今这个混乱的世界里，忙碌和分心成了我们的常态，而眼神交流最终可能会让我们变得与众不同。

试着做一项快速见效的实验，你就能明白我的意思了。某一天，将你的手机扔到一边去，让它远离你的视线范围，无论是在会议期间、就餐期间还是在与人交谈的时候都如此。认真看着每一个交谈对象的眼睛，当你与对方进行眼神交流时，要将注意力集中在对方的谈话内容上，认真倾听对方，感受你们之间的互动方式的变化，以及这种变化带给你的感受，并留心观察进行眼神交流是否让对方感受到被尊重、聆听、注视和重视。在很多情况下，他们会以同样的方式作出回应。

进行眼神交流最大的好处在于它完全适用于普通大众。与他人进行眼神交流，不需要金钱和特殊设备，更不需要加入任何精英俱乐部。这和你认识谁或者你从事什么职业毫无关系。任何人只需要一些注意力、勇气和练习，都可以做到。然而，这并不意味着与他人进行眼神交流是一件简单的事。直到20多岁时，我才能够完全自如地与人进行眼神交流，同时保持舒适与镇定的状态。让我感到欣慰的是，我最终度过了尴尬期，达到了现在这种境界。眼神交流对我影响深远。一个简简单单的行为——与另外一个人进行眼神交流——改变了我的一切，让我学会了如何向世人展示自己、如何变得充实，以及如何回馈他人。

我们每个人都渴望与他人进行深层次的、交心的、真正的交流，这就是活着的意义所在。生活中哪怕是最微不足道的接触（无论是在排队购买咖啡时与站在身旁的人交谈，还是在公园里遛狗时与试图将他们的狗和我的狗拉开的人沟通），我都将其视为进行交流的机会。本书讲述的就是类似这样的连接如何改变了我的命运。我写的所有故事无一例外地都有一个共同点：无论身在何方、与谁在一起，我只要与对方进行面对面的接触，看对方一眼，便可以与对方建立起连接。选择看向另外一个人，是一瞬间就能完成的简单决定，我们每天都在多次重复这个动作。我希望读者在读完我的经历后，能够受到启迪，在生活中更加重视眼神交流，鼓起勇气真正注视对方。开始进行眼神交流吧，看你的生活将会因此发生怎样深刻的变化。

目 录

第一章

你在看我吗?

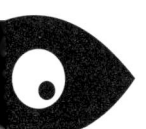

所有人都在努力追寻真实连接,即心灵与心灵的连接。

——奥普拉(Oprah)

我在20岁刚出头时，是华纳兄弟影片公司的一名初级律师助理。我的大部分工作是为城市里的重要人物递送文件。换句话说，这份工作极度乏味。好在我思维活跃、具有创造性。没过多久，我就想出办法将这份乏味的工作转变成了一个激动人心的机会。我在上学期间，就明白了这样一个道理：只有在与人交流时，我才能学得最好。因此我在想：为何不在真实的生活中也采取这种方法，为自己厘清职业生涯规划呢？

接下来我进入了好莱坞。有无数个疑问在我的脑海中盘旋——好莱坞是如何运作的？我会留在这里吗？我将做些什么呢？我该如何开辟出一条道路呢？然而，寻找问题的答案并没有想象的那么困难。作为一名律师助理，我整天辗转于声名显赫的业界精英的办公室之间，我只需告诉他们的助理，我手头的紧急文件只有自己亲自交给他们才会生效。就这样，我得以进入业界精英的办公室。很快，我就能够与编剧、导演、制片人、电影制作工作室负责人和经纪人等各种人物进行交谈，是他们帮助我更加深入地了解电影行业的奥秘的。

我为自己设立了一个目标：每天必须拜访一位电影行业的新人物。这个计划进展得很顺利，我收获颇多，于是决定扩大范围。接下来我又设立了第二个目标：每隔两周至少拜访一位好莱坞以外的人物。同样，这种经历要比我想象的好得多，不仅是因为我从中获取了信息，更是因为与他们进行有意义的交流，让我深受鼓舞、兴趣盎然，从而想要了解更多。

尽管我最终放弃设立具体的拜访人物目标，但是我从未停止过与人进行交谈，即"好奇心交谈"。在过去的40多年里，我一直在追寻让我感兴趣的人物，并且询问他们，我是否可以坐下来与他们交谈1个小时。有时候，我一周能与好几个新人物进行面对面的交谈。我只想从他们身上学到东西，以开阔眼界、改变对世界的看法，除此之外别无他求。对我而言，同样重要的是，我得让交谈对象也能从交流中受益。因此，我尝试问一些发人深省的问题，这样兴许也会引发他们的思考。此外，我每次出门拜访，必定会带一些礼物或新鲜的故事，对他们而言，这些礼物或新鲜的故事要么有用，要么有趣。拜访美国前总统乔治·沃克·布什（George W. Bush）时，我送给他一项棒球帽，上面印有我公司出品的电视剧《胜利之光》（*Friday Night Lights*）的标志，这部电视剧就是在布什的家乡德克萨斯州（Texas）拍摄的。当拜访德瑞博士（Dr.Dre）时，我准备好与他谈论电影《出埃及记》（*Exodus*）的主题曲，心想他可能会喜欢这首主题曲，因为他自己的音乐里就有这种优美的、令人惊叹的旋律。

如今，我成了一名电影及电视制片人，四处寻找我所在领域之外的专家，希望能够发掘出令他们感动的、备受鼓舞的素材。我喜欢了解各行各业人物的心声，无论他们是间谍、诺贝尔奖得主，还是运动员、科技企业家。我很荣幸得以拜访各行各业的精英，如艺术巨匠：安迪·沃霍尔（Andy Warhol）、凯瑟琳·奥佩（Catherine Opie）、杰夫·昆斯（Jeff Koons）、马克·布拉德福德（Mark Bradford，感谢他慷慨地为拙作《眼神交流》创作了插图），又如各国元首：美国前总统贝拉克·奥巴马（Barack Obama）、罗纳德·里根（Ronald Reagan）、英国前首相玛格丽特·撒切尔（Margaret Thatcher）、约旦国王阿卜杜拉二世（Abdullah II）、沙特王储穆罕默德·本·萨勒曼（Mohammad bin Salman）、以色列总理本雅明·内塔尼亚胡（Benjamin Netanyahu）。我还曾拜会过"股神"沃伦·巴菲特（Warren Buffett）、Spanx创始人萨拉·布莱克利（Sara Blakely）、著名科幻小说作家艾萨克·阿西莫夫（Isaac Asimov）以及其他一些人物。几年前，我从这些交谈内容中撷取了精华，将其汇编成《压榨式提问》一书。从那以后，我还与一些有趣，并且在各自领域内有所建树的陌生人进行过无数次的交谈，甚至还与其中一些人成了朋友。接下来，我想简要分享其中几次谈话的内容。

不久前，我在自家客厅里与说唱歌手兼活动家索妮塔·阿里扎德（Sonita Alizadeh）进行了交谈。索妮塔17岁时，创作并录制了一首说唱歌曲，以抗议强迫婚姻。这首歌的创作缘由是，她得知家人曾打算以9000美元的价格把自己卖给别人当童养媳。随着这首歌的迅速走红，她也成为遭遇同样命运的女孩们心目中的英雄。这首歌在她的祖国阿富汗成了一首圣歌[5]，其中有句歌词写道："我大声尖叫，以弥补女人一生的沉默。"她留着一头乌黑的长发，一双大眼睛炯炯有神。尽管她有着不同寻常的人生经历，但她仍然流露出一种镇定自若的自信。童年时期，索妮塔跟随家人一同逃离阿富汗，以摆脱塔利班政权①的压迫统治。为了维持全家人的生计，她不得不一边帮人打扫卫生间，一边自学读书和写作。她在打扫卫生间的同时收听广播，不禁被伊朗说唱歌手亚斯（Yas）、美国说唱歌手埃米纳姆（Eminem）的音乐迷住了。她在说唱音乐中发现了一条抒发情感的渠道，并开始自创歌曲，

---

① 塔利班（Taliban）是发源于巴基斯坦边境城市查曼的逊尼派伊斯兰原教旨主义武装组织。——译者注

描写童工的悲惨境遇。在阿富汗上学时，她看着她的朋友们一个个从课堂里消失，被贩卖给别人当童养媳，这些噩梦般的记忆在她的脑海里久久挥之不去，她不能再保持沉默了。尽管在伊朗，法律不允许女人说唱（女人不能唱歌），公开发表见解更是一件危险的事，但她仍然坚持创作，并将自己写的歌词藏在双肩背包里。当她听说美国有一场比赛，要求参赛者创作一首歌曲，并由阿富汗人投票决定名次时，她便踊跃报名参赛，并斩获1000美元奖金。她最终把奖金寄给已经搬回阿富汗住的母亲。

不久之后，索妮塔就创作了一首名为《待售新娘》（*Brides for Sale*）的说唱歌曲，为所有面临强迫婚姻的女童发声。她为我播放了这首歌的视频，并且用柔和而又严肃的口吻告诉我，母亲第一次考虑将她卖给一个男人当童养媳时，她才刚刚10岁。

在这段视频中，索妮塔公开反对童养媳这一陋俗，她身穿白色婚纱，全身涂满了"瘀伤"痕迹，额头上有一条条形码。面对镜头，她苦苦哀求，不要把她卖掉。该视频在网络上一经推出，点击量就超过了100万次，这也为她赢得了犹他州（Utah）一所音乐学院的全额奖学金。

索妮塔双眼深邃、富有同情心，她告诉我，她并没有因为母亲想要把她卖掉而怨恨母亲。她知道，长辈都是这样过来的。索妮塔并没有沉湎于过去，而是把目光投向未来，试图通过社区教育来改变传统与文化。她说，尽管世界上有很多苦难，但是当你努力发声，让这个世界朝着你想要的方向转变时，你就会发现，这个世界仍然充满希望。索妮塔表现出的镇定和情绪智力深深地打动了我。虽然她当时只是一个高中生，但是她谈话的智慧远远超出同龄人的普遍水平。我挨着她坐在沙发上，听她诉说着往事，感觉自己对她有了深刻的了解。

谈话结束后，我们去餐厅吃饭。那天晚上，她住在我的家里。我和维罗妮卡都认为，把她当家人一般看待，并试着去了解她，将会是一件很美好的事情。吃完甜点后，索妮塔突然离开餐桌，与我的儿子帕特里克（Patrick）到院子里扔橄榄球，她与其他青少年别无二致。我们在一起交谈的时光，拓宽了我的眼界，让我了解到这样一种千百年来让数百万女童饱受暴力和奴役摧残的传统。在开展那段对话之前，我对生活在阿富汗和伊朗的女孩的生活遭遇一无所知，是索妮塔为我提供了鸟瞰众生的视角，让我不仅得以知晓当地生活的真相（一生屈从于凌辱和被迫劳动），而且最重要的是，我还了解到了一直生活在恐惧之中，最终鼓起勇气反抗压迫是怎样一种感觉。她使我对人类展现出来的优雅、韧性以及最重要的希望有了全新的认识。

此外，我与获奖记者、"心流"专家史蒂文·科特勒（Steven Kotler）之间的谈话也同样令人难忘。多年来，我一直能够感受到自身的心流状态，于是想和他进行一场对话。

当时，我正在夏威夷瓦胡岛（Oahu）北岸拍摄冲浪电影《碧海娇娃》（*Blue Crush*）。通过当地人的视角近距离地接触冲浪文化，让我发现这项运动的魅力真是让人无法抗拒。北岸的巨浪居然完全是由大自然创造的，这让人兴奋不已，想想都令人震惊。我常常看见一群冲浪者热切而毫无惧色地冲进高度在20到50英尺（约6.10到15.24米）不等的海浪里，他们回来时难掩兴奋之情。我想要体验冲浪，但是我之前从未尝试过这项运动。因此，在40岁那年，我决定开始学习。很快，我与当地一位名叫布罗克（Brock）的冲浪者成了朋友，他曾挑战过在世界上最巨大的海浪中冲浪。他沉着冷静，毫不做作，在冲浪、格斗、摩托车越野赛，以及其他他会的任何运动中都毫不畏惧。我们之间立即产生了化学反应。他天生就会教学，了解有关冲浪和水上安全的一切知识，而我则是一名天生的学习者。于是，教学一拍即合。

他先是教会我一些基础知识，比如如何在冲浪板上站立，以及海洋物理学原理，以便我可以找到适合冲浪的完美的海浪。布罗克和我亦师亦友好多年，他曾多次在冲浪时救过我的性命。我之所以能够不断突破自己的能力极限去冲浪，正是因为与他在一起时，我很有安全感。

随着我的冲浪技术变得越来越好，我开始体验到心流状态。当你想起冲浪界鼎鼎大名的人物，如布罗克、莱尔德·汉密尔顿（Laird Hamilton）、基拉·肯内利（Keala Kennelly）、马库阿·罗思曼（Makua Rothman）时，你就很容易理解冲浪时的心流状态了。想象一下他们其中的任何一个人，正在海面上滑行，等待40英尺（约12.19米）高、足以摧毁楼房的巨浪，接下来，以毫秒级的精度在海浪之间穿梭的场景。这必须在心流状态下迅速完成，否则冲浪者就会被巨浪吞噬，因为科学仪器根本无法测量那一瞬间的所有变化。你必须处于一种心流状态，才能免遭不测。

当我抓住时机，找到合适的海浪时，便会完全沉溺在站立在上面的那一刻——我完全清楚自己在干什么，不再想着该如何平衡冲浪板，或者我的脚应该放在什么位置。那就像一种缓慢的欣快，是我之前从未体验过的。冲浪过程中那转瞬即逝的15秒钟令人兴奋、狂喜，因此，我常常飞往印度尼西亚或者夏威夷去冲浪，去体验这种快感。我越来越感到好奇：我能将心流状态转移到其他活动中吗？比如打网球或者进行一对一的"好奇心交谈"？进展顺利时，这些活动是否可以让人感觉到能永恒地进行下去？我不知道答案，于是去请教史蒂文。

我们在Giorgio's餐厅吃晚餐。那是一家私密的意大利餐厅，位于圣莫尼卡（Santa Monica）[②]，靠近太平洋海岸公路（Pacific Coast Highway）。史蒂文一进门，我就立刻喜欢上他了。他浑身散发出一股新鲜的、几乎让人颤动的能量。他坐下来，我们点了一瓶红酒。我们的谈话进展得很顺利。史蒂文在交谈时处于高度警觉状态，几乎不眨眼。他将"心流"定义为一种完全的专注状态：人们充满活力，高度集中注意力，沉浸在某项活动当中，然后发挥出最佳水平。在这些瞬间，其他任何事物，包括时空，似乎都不存在了。他所描述的正是我在冲浪及最近在打网球过程中体验到的为数不多的瞬间。

史蒂文接着解释道，"心流状态"是人活在世上最为理想的状态，同时也是最难以捉摸的状态。几百年以来，追寻者试图使这种状态持续化、稳定化，但很少有人成功。进行冲浪、滑雪、登山等动作与冒险类运动的运动员是例外，他们常常要面对令人胆战心惊的障碍，无论是高耸的悬崖，还是脱离地球引力般的巨浪。我感到好奇的是：这些运动员身上有哪些我不了解的东西？

---

② 圣莫尼卡是美国加利福尼亚州洛杉矶县的一个城市，位于太平洋沿岸，洛杉矶市以西。——译者注

他们的"内心游戏"是什么？史蒂文告诉我，当人们处于"心流状态"时，大脑会产生大量提升表现能力的化学物质，如肾上腺素和多巴胺。这些化学物质能够使人们集中注意力，降低信噪比〔特定参数（信号）值与非特异性参数（噪声）的比值〕[6]。

吃完主菜后，史蒂文告诉我，他之所以研究心流，是因为他从前得了莱姆病（Lyme disease）③。仅仅3年的时间，莱姆病使他完全丧失了行动能力，长期卧病在床，痛苦不堪，同时还使他变得极度偏执。他还常常产生幻觉，丧失了短时记忆和长时记忆的能力，不会阅读、写字，甚至无法识别绿色。史蒂文说，眼睁睁地看着自己一步步地陷入发狂境地却无能为力，这太吓人了，没有比这更糟糕的事了。那时，年仅30岁的他竟然动了自杀的念头。

有一天，一位朋友为了让史蒂文看开些，于是叫他一起去冲浪。冲浪使他筋疲力尽，这让他在接下来的两周里几乎无法下床。然而，他只要感觉稍微好一点，就会再去冲浪，如此循环往复，他最终迷恋上了这项运动。每次冲浪，他都会进入意识

③　莱姆病是一种以蜱为媒介的螺旋体感染性疾病，是由伯氏疏螺旋体所致的自然疫源性疾病。我国于1987年首次在黑龙江省林区发现本病病例，神经系统损害为该病最主要的临床表现。其神经系统损害以脑膜炎、脑炎、颅神经炎、运动和感觉神经炎最为常见。——译者注

改变状态。他解释道，这种心流状态将他体内所有的应激激素（stress hormone）排出了体外，身体仿佛充满了活力。心流状态重置了史蒂芬的神经系统，最终治好了他的莱姆病。[7] 我被这个故事深深地吸引住了。

从那晚之后，在接下来的好几周时间里，我每天清晨都在看与心流有关的 YouTube（一个视频分享网站）视频、文章、采访，以及我能找到的任何有关心流的有趣的内容。这促使我去思考"思维改变状态"这一整体概念，并开始阅读迈克尔·波伦（Michael Pollan）在《改变你的心智》（*How to Change Your Mind*）一书中提到的致幻剂对人类意识的影响。我从未服用过毒品，但我很好奇迈克尔·波伦在书中会怎样描述毒品给人体健康带来的影响。"好奇心交谈"经常带我踏上这类探索之旅。每次和陌生人会面，好奇心总能刺激我的胃口，使我想要了解更多。（没错，我现在正在和波伦联系，问他是否愿意与我进行交谈！）

每次的"好奇心交谈"都是独一无二的。我事先总是竭尽所能地做好准备，但我发现，要想进行一场令人满意的对话，关键并不在于你精心准备了多少个问题。实际上，精心准备固然重要，但是更为重要的是，你必须保持好奇和开放的心态，用新手的思维去对待这次交谈。在会面之前，脑海里事先不要想如何结束话题,这是让会面变成一次交流,而不是严格的、按照流程进行的访谈的关键所在。当你与他人对话时,如果想让谈话自由地进行下去,那就必须认真倾听对方的谈话内容,而集中注意力始于眼神接触。

交谈时请注视对方的眼睛——正是因为坚持这一基本习惯,我才能使"好奇心交谈"进行下去,并且让对话变得如此激动人心。如果把好奇心比作驱使我进入房间与另外一个人进行交谈的引擎,那么眼神交流则是发动引擎的燃点。这是真正了解一个人并与其创建真实连接的第一步。

在"好奇心交谈"中,用镇静、专注而好奇的眼神注视对方,可以帮助我集中注意力去倾听对方的话语,并组织问题将谈话继续进行下去。这同时也传达了一条开启成功对话的重要信息:我在听。当你用眼睛注视对方表示你在倾听时,你同时也向对方传达了一条信息:我是真心想要了解你。你愿意花时间和精力去关注对方,是因为你认为他们很重要,他们的知识、思想、见解和经历对你而言都很宝贵。无论来自哪个行业、地位如何、是否充满激情,不管是否愿意承认,世界上没有一个人不渴望得到别人的肯定。根据我的经验,如果你能给予对方这种肯定,他们就会更愿意敞开心扉,坦诚地与你交谈,告诉你他们是谁,为何要做这些事。在通常情况下，他们也想要了解你。

我们都听说过一句老生常谈的话——爱情不是一条单行道。实际上，连接亦然，世界上没有任何一种连接是单向的，哪怕陌生人之间也是如此。想想自己在工作和家庭中的经历就知道了。如果你的女儿回到家里，你只是告诉她你这一天里所经历的事情，而不过问她当天过得如何，那么你们的对话就会变得相当乏味。如果对方想向你倾诉生活中的一切事情而对你的生活毫无兴趣，那么谈话同样也会陷入无聊的境地。

单向"灵魂捕捉"永远不会成功。谈话必须使双方都感到满足。最理想的"好奇心交谈"应该是这样的：双方都参与交谈，一起贡献智慧、互相学习。谈话时双方进行眼神交流，相互倾听、产生共情，有时候，双方甚至能触碰到对方的易感性和共情。交谈中双方你来我往，拉近彼此的距离。[8]这种情形是无与伦比的。我常常情不自禁地思考：这种交谈就像是在进行一场最美妙的约会。当我在一次真实的连接里感受到化学反应时，我不想让它结束。

尽管在"好奇心交谈"中，眼神交流往往至关重要，但我并没有刻意地去练习，甚至在刚开始时，并没有意识到自己是在与他人进行眼神交流。我心里并没有想过将它运用到我与他人的交谈中去，当然，我在日常的人际交往中更不会去采用它。我从未想过要这么做，直到有一天，朗·霍华德的出现改变了我。

与华纳兄弟影片公司的合同到期之后，我就开始为一名脾气火暴的电视台副总裁——埃德加·舒瑞克（Edgar Scherick）工作。舒瑞克给了我一个无法拒绝的条件："凡是你能卖得出去的东西，你都可以自己去制作它。"因此，我制作了一部电视影片。这部影片卖得很好，也促使一些其他项目广受欢迎，其中包括名声大噪的《十诫》（*Ten Commandments*）系列。凭借这些成功的经历，我与派拉蒙影业公司（Paramount Pictures, Inc.）签订了排他性（独家合作）合同。我就是在这个时候遇到的朗。朗是一名演员，想要执导电影，而我想制作电影。我们因此建立了合作伙伴关系，一起创建了想象娱乐电影公司（Imagine Entertainment）。到目前为止，我们已经合作了超过35年，并且还将持续下去。

虽然当时我们都才20多岁，可是朗的沟通能力已经十分出众了。有一天，他善意地和我分享了他对我的感受。

他问我："你有没有注意到，当我们在与人会面交谈时，你很少看对方的眼睛？"

那是在1980年，当时我俩坐在我的办公室里。我的办公室与我们最初见面的派拉蒙影业公司处于同一地段。我们当时已经和作家洛厄尔·甘茨（Lowell Ganz）、巴巴卢·曼德尔（Babaloo Mandel）接触过了，后者后来为我们创作了《夜迷情》（*Night Shift*）、《美人鱼》（*Splash*）等电影剧本。我当时一直在同时进行多项工作，在别人说话时，我会看一些材料，或者匆匆记录下那一周需要做的事情。开会时也有这个习惯。我当时并没有去想这有何不妥之处，我就是有这个习惯而已。

如今，我知道，当别人想要与你交谈时，同时进行多项工作并不是一个好习惯。这不仅仅是对人不尊重，还会使房间里的空气显得沉闷。然而，那时候，我并没有立即领会朗想传达给我的信息。

"你这话是什么意思？"我问道。

"我的意思是，你当时真的在听洛厄尔和巴巴卢的讲话吗？"

"当然，每个字我都听进去了。"我回答道。

"或许吧。"朗说道，"然而，你并没有看他们。当他们在讲话时，不看着他们就是伤害他们的感情。"

"可是我什么都听到了。"我辩驳道。

"这并不重要，"朗继续说道，"当人们说话的时候，如果你不看着对方，对方就不会感受到你的尊重。"

这令我大吃一惊。我很清楚地记得，自己也碰到过类似的行为。在我刚开始工作那会儿，我去会见了好莱坞一位很有势力的经纪人，他从不看我的眼睛。当我注视着他，或者试图和他交谈时，他总是草草地看我一眼，或者看向别处，仿佛我并不在那里。这让我感觉到，自己就像是一个无名小卒。因为我能看出来，他根本没把我说的话放在心上。我们都有过类似的经历，例如在聚会上，某些人对我们说话时，眼睛一直盯着我们的肩膀看，这种感觉真是太糟糕了。然而，直到朗提醒我之后，我才意识到，我自己有时候也会这样做。我不禁想象，我的行为会不会让与我交谈的人产生我与那名经纪人交谈时的类似感受。

朗的这次提醒对我造成的影响在我们合作的第一部电影《夜迷情》中有所体现。这部电影里的主角是比尔·布拉泽约夫斯基（Bill Blazejowski），由迈克尔·基顿（Michael Keaton）饰演。比尔是个年轻人，在职场屡屡碰壁之后，他想出来一个主意：在纽约市某间停尸房值班工作的同时，经营一家妓院。尽管我并没有干过这类工作，但是比尔的故事受到了我早年工作经历的启发。于是，我打算利用朗给我的建议，赋予比尔一种夸张的个性特征——无法与他人进行眼神交流。每当比尔的脑海里出现一个新的想法时，他的眼神都会四处游移。很明显，他的关注点在别处，而不在当时的交谈对象身上。他是一个皮条客，但却不知道眼神交流意味着尊重。对于一部喜剧片中的角色而言，这是一项奇怪的特质，但对我而言，它是一项善意的提醒，提醒我纠正自己的不良行为。

朗的反馈同样直接影响了我与他人的交流。从他指出我缺乏眼神交流的那一刻起，我就下定决心，在会议上要时刻用眼睛注视着别人。当我这么做时，神奇的事情发生了。与之前相比，会议不再是直截了当的交易，我感到自己与其他人的关系变得更加融洽了。我获得了以前所没有的洞察力，比如，深刻地感知到人们对完成某个项目有多大的信心，或者根本没有信心。其他人能够察觉到我在倾听，他们也感受到了尊重。因此，他们也更加尊重我，对我所说的话更加感兴趣。这形成了一种新的互惠感。

如果你觉得这一切听起来很耳熟，那是因为它的确如此。这与我在"好奇心交谈"中遇到的情况相同。我很自然地与他人进行这类交谈，想要从对方那里学到些东西，并了解对方。这种渴望在我热切的眼神中得到了体现，连接的大门就此敞开。我此前从未想过与他人进行眼神交流。现在，这件事看起来再简单不过了。每个人都想要得到关注、被他人倾听、得到他人的尊重和重视——不仅仅是受邀与我进行"好奇心交谈"的人才这样。实际情况是，每个人都可能教会我们一些新的东西，或者向我们展示一种看待世界的新方式。要想释放对方的潜能，我们需要做的就是通过我们的双眼去了解他们，与他们产生连接。

第二章

尝试建立连接

如果我们想要和别人建立连接，那么表露自己的脆弱就是我们必须经历的冒险。[4]

——布琳·布朗(Brené Brown)，

《脆弱的力量》(*The Gifts of Imperfection*)

---

[4] 布琳·布朗.脆弱的力量[M].覃微微译.浙江：浙江人民出版社，2014。——译者注

奥普拉·温弗里（Oprah Winfrey，美国著名女脱口秀主持人）可能是世界上最具天赋的沟通者。她充满同情心的双眼和可以被感知的温情，能够使心灵最封闭的受访者放下戒备、敞开心扉，与她分享自己内心最深处的感情和人生故事。这正是我曾亲身感受过的。

正如我在《压榨式提问》一书中提到的那样，与奥普拉第一次见面时，我正处于人生低谷。当我们在贝莱尔酒店（Hotel Bel-Air）会面并共进早餐时，我正经历着一场情感危机。通常情况下，我需要一点时间来打开心扉（尤其是谈论到个人危机时），但不知怎么回事，我对奥普拉立即就产生了信任，那感觉就像是我早已认识她了。突然，我不由自主地对她敞开心扉，告诉她自己所面临的情感问题，描述自己从未与他人分享过的感受。奥普拉的专注力有一种特质：她斜倚着，眼睛注视着我，表明她正看着我，并且在乎我。她的主动倾听更加强化了她传达出来的信息。我知道她在倾听我所说的内容，因为她能够对此作出准确的回应。不仅如此，她还能帮我概括并厘清我的想法和感受。她会这样说:"那么,换句话说,基于你对那件事的看法,你似乎是这么认为的……" 她能帮助我更好地了解我自己。与她建立连接的经历对我产生了深远的影响,并一直延续至今。

几年后,当奥普拉邀请我做客她的节目《超级灵魂星期天》(*Super-Soul Sunday*)谈论我的书时,类似的事情发生了。我过去常常出席我所制作的电影和电视节目的新闻发布会,但是这本书的宣传之旅更加私人化。因为这本书是关于我自身生活经历的,每次谈论这本书时,我都会感到脆弱和不安。在长达1个小时的电视节目里,我必须成为场上唯一的焦点,深入剖析自己的灵魂。奥普拉的神秘住宅位于蒙特西托(Montecito)庄园,占地42英亩(约0.17平方千米),节目采访通常在那里进行。在驱车前往蒙特西托庄园的路上,一阵又一阵的焦虑感侵袭了我的全身。

当我到达目的地时,大门打开了,我将车停在长长的车道上。奥普拉身穿一件亮绿色的衬衫,穿过草坪朝我走来。从见到她的那一刻起,我全身的焦虑感就瞬间消失了,了无踪影。随后我立即感受到一种舒适感和安全感,我终于可以自由呼吸了。这种感觉并非来自她所说的话,而是来自我们四目相对时,她脸上展现出来的喜色,我感到有人懂我。

在2013年哈佛大学毕业典礼的演讲中,奥普拉这样解释她对人们的观察：

"在职业生涯中，我已经做了35000多场访谈，在摄影机关上的那一刻，人们总是把身体转向我，无一例外地用自己的方式问道'我刚才的表现还好吗？'。我听布什总统这么问过，听奥巴马总统这么问过，听各类英雄和家庭主妇这么问过，听受害者和罪犯这么问过，我甚至还听碧昂丝（Beyoncé）以她独特的方式这么问过。他们都想知道一件事：在刚才的访谈中自己的表现还好吗？[9]"

我们的内心深处都有疑问和不安全感。我们用他人的眼光来衡量他们是否值得信任。当对方的眼神中透露出坦率和专注时，我们更容易展现自己的脆弱，愿意与他人分享自己的故事。当我们感觉到有人倾听自己说的话时，就感受到了理解和尊重；当我们感受了理解和尊重时，就会喜欢上对方；当我们喜欢上对方时，就会信任对方；当我们信任对方时，就会袒露心扉，展现真实的自我。要想超越寒暄式的、千篇一律的对话，建立深层次、有意义的连接，我们就必须进行眼神交流。

当人们与奥普拉进行交流时，他们之所以愿意敞开心扉，很重要的原因就是，他们能从奥普拉的眼神中感受到真诚的兴趣和关切。奥普拉向人们展示了真实的自我，这使得其他人在她面前也想要展示真实的自我。就这一点而言，我对奥普拉深表敬意。我也会努力做到在与他人交流时保持诚实与本真。

我发现，与人们进行面对面的交流时，如果我不努力让自己尽可能地保持真实和自然，那么就很难使交流的最大效用发挥出来；如果心怀戒备，与对方只进行浅层次的交流，那么我还不如不去交流；如果我隐藏本真的自我，刻意给人留下假象，那么就无法与他人建立真实的心灵连接。

有时候，与对方产生眼神交流可能会感到不自在、害怕，甚至尴尬。对对方保持"真诚"也不总是感到舒服——在很多情况下，"真诚"意味着"难受"。但我知道，如果想要建立生命中真正有意义的连接，那么我们就必须让自己变得脆弱。

在手机尚未普及之前，当我提前到达某项活动的现场时，或者与某个陌生人单独在一起（例如在电梯里）时，我会强迫自己与陌生人交谈，或者至少意识到陌生人的存在。我想我们都有过这种感觉。但如今，我们更倾向于低着头看手机，忙着刷社交媒体的动态或者查看收件箱，因为我们不知道该如何开始交谈，也不知道对方是否愿意与我们交谈。

尝试与他人进行交谈需要勇气，毕竟，我们的兴趣、注意力和眼神可能得不到回应。人类或多或少都有一种不安全感，因此，我们通常会怀疑问题是否出在自己身上：是因为我长得不够好看吗？也许是因为我这个人不够有趣、不够重要，或者不够聪明。但通常情况下，真相并非如此。

有时候，人们只是不想建立连接罢了。可能是因为时间和场合不对，又或者是因为我们需要改进交流技巧。研究表明，要想与他人建立真实的连接，理想的凝视时长是7到10秒（如果是在小组中，那么理想的凝视时长则是3到5秒）。[10]超过这个时长，人们就会失去交流的兴趣，并开始感到紧张。如果对方没有作出回应，你可能会想，自己是否逾越了界限？自己的注视是不是变成了瞪眼？自己是不是站得离对方太近了？也许你的紧张是被迫的，也许你表现得就好像要请对方帮忙。下次如果再碰到类似的情形时，请试着做出改变。

当然，另一种可能性是对方由于感到不自在、害羞或不安，并未领会到你想要建立连接的意图。也许对方是因为受到成长环境或过去痛苦经历的影响而感到不自在。你可能永远无法得知对方犹豫是否要和你建立连接的原因。但我发现，如果能够顺利克服这种不适感，那么你就很有可能建立起你想要的连接。

当我最初决定制作《8英里》(8 *Mile*)这部电影时，我只知道我想要制作一部讲述嘻哈乐的电影。我很早的时候就认识了嘻

哈乐的一些代表性人物，如斯利克·里克(Slick Rick)、ODB (Ol'
Dirty Bastard, 肮脏坏家伙)、RZA (Robert Fitzgerald Diggs,
罗伯特·菲茨杰拉德· 迪格斯)和查克D (Chuck D)，20世纪90
年代到来之际，我十分清楚，嘻哈乐将在美国年轻人当中流行起
来。一天晚上，我与《纽约时报》(*New York Times*)的一位著名
记者展开辩论。他认为，嘻哈乐只不过是一种低等的小众文化罢
了，这样的小众文化比比皆是，不会长久发展下去。在我看来，
这种观点很可笑。如果说我们能从历史中学到些什么，其中一条
经验就是，今日年轻人觉得很酷的事物，未来必将成为社会的主
流。我清楚地意识到，年青一代的主流文化即将成为整个社会的
主流文化。《纽约时报》的那位记者认为自己是当局者，而实际
上，他只不过是旁观者。然而，像他这样的旁观者大有人在。

那时候的当权者由于与社会脱节，无法预见嘻哈乐的重要
性，因而也未给予它应有的尊重。这令我十分沮丧，我想要改变
这种现状。因此，我想要制作一部电影来传达嘻哈运动的能量。
在电影中，嘻哈乐会为自己正名。这部电影不像一般电影那样以
故事开头，而是一开始就传达了一个主题和强有力的观点。

听说了我的想法后，德瑞博士和吉米·约维内将我引荐给马
歇尔·马瑟斯(Marshall Mathers)，也就是埃米纳姆。我此前从未

见过埃米纳姆，但是他激起了我的好奇心。那时候，他已经出过一张热门唱片，但还没有成为超级明星。他在压迫的环境中成长的生活背景，以及他的原创且具有开创性的音乐，都深深地吸引着我。埃米纳姆的音乐融合了各种独特的元素：内城的声音、他的幽默而讽刺的另一个"自我"（"Slim Shady"，可译为"瘦瘩子"）流行文化。我认为这太棒了。

埃米纳姆来到我的办公室后，马上表现出很强的防备性。他和我打招呼时目光坚毅而冰冷，我从中感受不到一丝温暖。他坐在我的沙发上，尽量不和我进行眼神交流——也不和我进行其他层次的连接——在半个小时的谈话时间里，大部分时间都是如此。

也许你也曾碰到过类似的情形，与你会面的人甚至一刻也不会与你产生连接，即使相处的时间是短暂的，他也不会接受你的关注。回想起来，我意识到，埃米纳姆私下并没有对我心怀不满。他是一个内向的人，颇具讽刺意味的是，天赋异禀的艺术家通常都很内向。

时间一分一秒地流逝，我感觉十分痛苦。我尝试了各种方法让房间里充满积极能量，以便让马歇尔感到足够安全，放下戒备。我努力向他表明心意，清晰地传达我的意图：我想要通过这部电影展现最真实的嘻哈乐，我对你的观点尤为感兴趣。然而，无论我如何努力与他交谈，无论我的问题有多么明确或具有吸引力，他仍然不愿作出回应。这实在是太折磨人了。最后，他也受够了这种局面，从沙发上站了起来。

"我要走了。"

我不能让他就这么走了。没有建立起连接的这场会面变得十分乏味，我不是第一次碰见这种状况了，当然也不会是最后一次。我瞬间做出了一个决定。我跳起来，做最后的恳求。

"别这样。"我直视他的双眼，停住了。接着，不知何故，我几乎绝望地问道："你能表现得有活力（animate）些吗？"

我的这个举动很可能会引起反效果，或者会显得过于咄咄逼人，因为他一开始似乎有些生气地看着我。然而，让我感到惊讶同时也松了一口气的是，他坐回到沙发上，开始与我交谈。他向我介绍了他的家乡，以及他是如何成为一名说唱歌手的。谈话持续了将近1个小时，那天他与我分享的故事最终被搬上银幕，成为电影《8英里》的主要情节。

我后来发现 "animate"（有活力）一词来源于拉丁语 "anima"，意思是 "生命、灵魂或者精神"。那天，与马歇尔交谈时，我词穷了，但不管怎样，我本能地选择了这样一个词，词意表明我在寻找他的灵魂，而这个词已经足够让他 "看见" 我了。

如何与他人建立连接，没有现成的路可走，也无法开处方，它并不总是一蹴而就的。有时候，你需要有耐心，还有的时候，你不得不努力尝试并推倒那面心墙，就像我和马歇尔那次谈话一样，看看接下来会发生什么。当然，你也可能会毁掉任何与他人建立连接的机会。但是，这难道会比小心翼翼、完全不进行交流就离开更糟糕吗？

与马歇尔第一次会面时，他并没有完全对我敞开心扉。然而，他至少愿意留下来和我继续交谈，这就足以为接下来逐渐建立更深刻的连接打下坚实的基础了。

我和埃米纳姆一起制作了《8英里》这部电影，他最终斩获"奥斯卡最佳原创歌曲奖"。实际上，《背水一战》（*Lose Yourself*）是第一首获得奥斯卡奖的嘻哈歌曲。这些年来，我越发热爱和尊重嘻哈乐，这在我的电视剧《嘻哈帝国》（*Empire*）、传记剧情电视剧《武当帮：美国传奇》（*Wu-Tang: An American Saga*）、与Jay-Z一起制作的纪录片《美国制造》（*Made in America*），以及关于高产的陷阱音乐艺术家（trap artist）古奇·马内（Gucci Mane）的传记电影中都有所体现。如今，嘻哈音乐是世界上最流行的音乐形式之一，对文化产生了深刻的影响，无论是体育、科技还是媒体、时尚概莫能外。最终，嘻哈乐毫无争议地变成了当今时代的主流文化。

第三章

机缘巧合的"幸福之匙"

女人的美必须从她们的眼神里体现出来，因为眼睛是心灵的

窗户，是爱的栖息之处。

——奥黛丽·赫本(Audrey Hepburn)

多年前，我结束了一段持续了几个月的恋爱关系。我想，我需要歇一阵子，不再约会了。我当时住在马利布（Malibu）⑤，我的邻居芭芭拉与她的丈夫罗伊住在我楼下几层。我与芭芭拉已经认识10多年了，她是一位自信而美丽的意大利人，对自己关注的一切事情都表现出一种强烈的情感。她知道我情感不顺，于是建议我和她一起去吃晚餐顺便聊聊这件事。对此，我十分期待，因为芭芭拉十分了解我。事实上，我们平常见面经常以"你好，哥哥"或者"很高兴见到你，妹妹"这样温馨的话语打招呼。

　　于是，我们前往一家位于圣莫尼卡的Capo餐厅，一同前往的还有芭芭拉从意大利来的最好的朋友马克斯。在这座沙滩小镇上，Capo餐厅的美食令人垂涎。我喜欢那里的食物，我的最爱是柴火烧鲈鱼和烤恺撒沙拉。餐厅本身也极具古朴气息，让人感到舒适典雅。晚饭吃得很愉快，我们还喝了一大瓶巴罗洛葡萄酒（Barolo）。刚吃完头菜，我就看见一位身穿红色裙子的魅力非凡

⑤　马利布市位于美国加利福尼亚州洛杉矶县西部，以沙滩和阳光而闻名。此外，它还是高级住宅密集区域，是社会名流、冲浪高手和心怀梦想的人喜欢的地方，以及多部美国电影的拍摄地。——译者注

的女士走了进来。她转头在餐厅里张望时，一头金色的卷发在双肩上来回拨动。我分辨不出她是哪个族裔的，只知道她拥有一张充满异国情调的脸庞，光彩照人。幸运的是，她开始向我们的餐桌这边张望，而我目不转睛地打量着她。

"嗨，维罗妮卡！"芭芭拉叫住了她。芭芭拉站起来拥抱、问候她的这位朋友。维罗妮卡开心地大笑，眼睛似乎在闪闪发光。接着，芭芭拉向她介绍了我。为了示好，我站起来与她握手。瞬间，我们四目相对，我立即被她吸引住了，一股意想不到的暖流席卷全身。

"你愿意坐下来和我们喝杯葡萄酒吗？"我希望她能够答应这个请求。她眨了眨眼睛，礼貌地回绝了，称自己不想打扰我们吃晚餐。

"我来这里只是为了拿我的钥匙。我和芭芭拉昨晚一起出去庆祝我的生日，结果我回来的时候把钥匙忘在她的钱包里了。"

我回答道："我们刚吃完饭，一点也不打扰。请和我们一起喝一杯吧！"

于是，维罗妮卡坐在空的座位上，碰巧就在我身旁，我们开始聊起来。那时离圣诞节只有几个星期了，因此，我们开始聊度假计划。我会和一些朋友去圣巴特岛（St. Barts）[6]，而她则会去宾夕法尼亚州（Pennsylvania）看望家人。整个交谈过程轻松愉快，当维罗妮卡在听到某个笑话后开怀大笑时，我留意到她的嘴及嘴唇的形状。我被她深深地吸引住了，有一种想要吻她的冲动。我们才认识了5分钟，但房间里其余所有人、所有事物就仿佛都消失了，犹如磁场一般，我的注意力全在她的身上。我以前从未对任何人产生过这种感觉。

晚餐结束后，我们走出餐厅，在泊车处面对面地站在一起。她两眼泛光，流露出幸福的神情，与我想象的一样。我立即要了她的电话号码，第二天早上就给她打了电话。自那以后，我们就在一起了。（顺带说一句，事情过去了这么多年，我至今仍然不相信维罗妮卡那天只是碰巧经过，从芭芭拉那里取钥匙。她永远不会承认这一点，但我敢说机缘巧合和计划中的机缘巧合可能是一对近亲！）

我的朋友惠特尼·沃尔夫·赫德（Whitney Wolfe Herd）是Bumble的创始人兼首席执行官，魅力超凡。Bumble是一款社交网络应用，人们可以在上面分享生活中的方方面面，无论是个人感情还是职场生活，无所不有。如今，为了打破生活常规，遇见

---

⑥　圣巴特岛，法属岛屿，又名"Saint Barthelemy""Saint Barth"，位于加勒比海，是颇受名流及明星青睐的隐秘度假地。——译者注

在平日社交圈里不会碰见的人，我和维罗妮卡的很多共同好友都在使用Bumble之类的应用。惠特尼说："这简直太不可思议了，只需轻轻地滑几下，敲击几下键盘，你就能与人们在现实世界里建立强大的、激励人心的连接，而这有可能改变你的整个生活轨迹。"

惠特尼说得没错。我看见过由网上会面发展成持久的现实连接的例子。然而，无论Bumble或者其他任何社交网络应用有多么棒，虚拟连接也只能进行到这一步了：向左或者向右滑动手机屏幕可以处理事务，但你无法用谷歌引擎获得信任、真实性和亲密感。发短信和邮件并不能让你与他人产生真实的精神连接。如果想要建立一段有意义（而不是浮于表面）的关系，到了某一阶段，你就必须与人面对面地进行交流，阅读对方的眼神、身体语言和情绪，从而了解对方的性格、对方真正在想什么，以及你们之间是否存在特别之处。就恋爱而言，这种连接尤其如此。

从我的个人经验来看，真爱往往始于眼睛。与对的人只要稍微进行眼神交流，身体内的其他所有器官都会被"点燃"。我与维罗妮卡第一次见面四目相对时，就是这种感觉。即使只是短暂的一瞥，也能从中看出双方都对彼此感到好奇。从另外一个人的眼睛中看到好奇的眼神足以证明我们自身的魅力。对方想要对我们有更多的了解，他们能从我们身上发现可贵之处，这种感觉真好。如果存在化学反应，那么我们双方都想要重温这种感觉。我们用眼神和身体语言告诉对方：我也留意你了，也想要对你进行更深入的了解。想要建立连接的渴望，助长了我们的易感性。我们开始向对方敞开心扉，这时候，我们就会判断对方是否值得信任。如果对方值得信任，我们就会变得更加"脆弱"——向对方袒露内心的想法即内心最深处的恐惧和秘密时，我们的内心是感到安全的。这种循环始于眼神交流，最终通往最令人满意的连接。在这种连接里，双方对彼此都有了全面的了解。

直到今天，在聚会时，我和维罗妮卡还是可以不停地交谈。她可以从我的眼神里看出我对什么感兴趣，我也可以从她的眼神里看出她对什么比较反感。前天晚上，我们一同参加了一场晚宴，晚宴上，每对夫妇都被分散开，与其他人进行交谈。我看向维罗妮卡时，她用她特有的方式睁大眼睛看着我。原来，有一位客人正在长篇大论地发表自己的政治观点。我强忍住没有笑出声来，因为我知道她心里在想什么。我能看出来，她打算离开那里回家去了。我们用眼神交流，分享内心的笑话或者脑海里的故事。我们都知道对方在想什么，在回家的路上笑个不停。

过了这么久，我的目光仍然一刻也不能从她身上移开。

第四章
团队作战才能无往不胜

无论你的智慧或者策略有多么高明,假如你单打独斗,那么你终将输给一个团队。

——里德·霍夫曼（Reid Hoffman）

我一直都很爱看斯派克·李（Spike Lee）的电影。我最开始看的是他的《为所应为》(*Do the Right Thing*)。这部电影的创意、先进的政治主张和视觉风格（引人注目的独创调色）令我印象深刻。看过这部电影后，我立即就想和他合作。但直到17年后，我们才正式合作第一部电影。

我和斯派克第一次见面，是在1990年举行的奥斯卡提名者午宴上，那次由他执导的电影《为所应为》获得了提名。那时，我们的职业生涯都才刚刚起步。尽管只是年轻的电影人，但是我们都获得过奥斯卡最佳原创剧本奖的提名（我获得提名的电影是1984年的《美人鱼》）。我告诉他，我很欣赏他的电影作品，《为所应为》这部电影尤其令人拍案叫绝。尊重是相互的，我们双方都表示有兴趣进行合作。然而，当时我们手头上并没有可以合作的项目。斯派克当时正想拍摄一部有关嘻哈乐的原创电影，而我没有这样的故事素材提供给他。就这样，一晃多年过去了。

在与斯派克会面后的10多年里，我发现他在好莱坞的一些项目有时候进展得并不顺利。对于天赋超群、具有强大创造力的

电影摄制者而言，这种情况并不罕见。伟大的艺术家天生就有些
"离经叛道"，对于电影行业内猖獗的"均匀化"现象，他们往往
会加以抵制，这时候就会与人发生冲突。我不喜欢事情以糟糕的
结局收尾，因此，我在职业生涯早期就制定了一项规则：制作一部
电影往往需要四五个团队（导演、演员、制片人和编剧通常会带
领自己的团队）。如果我通过事实或者凭直觉得出结论，认为其
中一个团队的领导最后可能会让事情变得难以收拾，那么这将会
冲淡我与他合作的热情。因此，我认真地考虑了一下我从斯派克
身上观察到的东西。

最终，他似乎对我接手的一些项目很感兴趣。其中一部电影
就是《美国黑帮》（*American Gangster*）。斯派克过来与我会面，他
坐在我办公室里的沙发上，十分清晰地向我描述了他对《美国黑
帮》的设想。和我想象的一样，他的见解缜密而准确。然而，我
们对这部电影的看法并没有达成一致。

我于是说道："我们再看看，能不能找别的电影一起合作。"
说完这句客套话，我将他送出了办公室。

正当电梯到达我的办公室所在的楼层时，斯派克转过身来，
拿出一部剧本。直到今天，我都不知道这部剧本到底是从哪里冒
出来的。

他说："布莱恩，这是另外一部剧本，这才是我想要与你合作的剧本。"

那是电影《局内人》（*Inside Man*）的剧本，版权为想象娱乐电影公司所有。我还没反应过来，就在电梯门在我们面前快要关闭的那一刻，他突然伸出手来，抓住我的手。那天，他第一次直视我的眼睛。凡是认识斯派克或者与他有过眼神接触的人都知道，他的眼神十分独特，富有耐心，真诚而坦率。他说："我向你保证，我们的合作关系将善始善终，对你而言，这也将会是一次美妙的经历。"直到现在我也没弄明白，他当时怎么知道要说出那样一番话——我从未告诉过斯派克我在犹豫什么。

在那一刻之前，我只想和他说再见。但是，我的人生原则之一就是，对自发性保持开放的态度。因此，我想斯派克那一刻的行为也可能是自发的。

从技术层面上来讲，《局内人》这部电影并不缺人。我们已经招募了一名导演。然而，我的大脑在1秒钟之前认为不可能的事情，瞬间就被自己否定了。我迫不及待地答应了他，马上就雇用了他。

斯派克后来的确执导了《局内人》，这部电影是我的职业生涯中最得意的作品，更别提它所创造的票房纪录了。无论是电影界的批评家还是观众，都很喜欢这部电影。

电影行业充满艰辛，这也是我倾向于尽可能与能够建立真正连接的人合作的原因。与他们合作，让我感到兴奋不已，这不仅是因为我敬重他们的才能，而且还因为我意识到，他们提供的视角和意图能让作品变得更好。

当我看完HBO[7]电视剧《罪夜之奔》(*The Night Of*) 后，我知道，我必须会见主演里兹·阿迈德 (Riz Ahmed)。这部令人难忘的犯罪片是由编剧史蒂文·泽里安 (Steven Zaillian) 和理查德·普莱斯 (Richard Price) 共同执笔创作的，我在之前拍摄的两部电影中曾分别与他们两人合作过，史蒂文是《美国黑帮》的编剧，理查德是《赎金》(*Ransom*) 的编剧。里兹在《罪夜之奔》里的表演极具吸引力，在这部剧中，他饰演纳西尔·汗 (Nasir Khan) 这一角色，纳西尔是一名美国穆斯林，遭到刑事司法制度的迫害，角色转变之大，令我心生敬畏。刚开始，纳西尔温柔又天真，但自从锒铛入狱后，他就不得不适应监狱里的生活。到了故事的结尾，昔日天真无邪、目光温和的男孩变成了冷酷的都市混混。约翰·特托罗 (John Turturro) 饰演的纳西尔的律师向陪审

⑦　HBO 电视网（Home Box Office, 简称"HBO"），总部位于美国纽约，是一家有线电视网络媒体公司，其母公司为时代－华纳集团（Time Warner Inc.）。——译者注

团所说的一句话总结得很完美："我看到的是，你将一个孩子送进赖克斯岛（Rikers）监狱，然后对他说，'我们以莫须有的罪名判处你的罪行，你自己想办法挺过去吧。'"里兹是一名巴基斯坦裔英国人，他凭借在这部电视剧中的出色表现，创造了两项历史纪录——成为首位获得艾美奖最佳男主角奖的亚裔演员及穆斯林演员。

　　有时候，读到某位演员、编剧、导演的故事，或者观看他们的作品后，我就会联系他们，洽谈某个合作项目。还有一些时候，我手边没有项目可谈，与某个艺术家的会面，仅仅是因为我被他们的才华所震撼，想要更好地了解他们，知道他们的兴趣点所在。与他们产生连接，一方面让我有机会了解他们是不是我未来想要合作的人；另一方面，在了解他们的过程中，我也更加清楚地知道，哪些项目可能会让他们感兴趣或者适合他们。我与里兹的会面，属于第二种情况。

　　读到这儿，你可能已经猜到了，我在一生中与形形色色的人有过上千次会面，以各种不同的方式与他们进行沟通。有些人很容易相处，但也有一些人天生就很难与人产生连接——即使你保持专注，用心倾听，提出好的问题，他们仍然不会对你敞开心扉。他们可能只用一个单词回应你，敷衍了事，或者看起来完全不感兴趣。出于这个原因，我在与人会面时（或进行"好奇心交谈"时），总是会先了解对方的背景信息，并了解一些可能与对方相关或者对方可能会感兴趣的"刺激性"话题。

尽管这种准备看起来可能是被迫的，但我认为这是培养一段关系的必要工作。当我与潜在合作者会面时，我总是假设对方想知道：这个人能给我带来什么？他能为这场对话做哪些补充？我们的共同兴趣点在哪里？每个人在与对方进行业务往来之前，都会先估量对方。如果我熟悉对方的兴趣领域，那么他们就更可能认为，我在某种程度上了解他们。诸如他们会说："我的天哪，我们竟然有相同的兴趣！""我知道！我也是这么认为的！"这类感觉通常会激起对方合作的欲望。

在与里兹会面之前，我做了一些准备工作。我了解到的是，里兹之所以能成为超级明星，不仅仅是因为他是一名天赋非凡的演员，除此之外，他还将自身的创造力和智慧用于解决种族偏见和媒体上缺乏多样化面孔的问题，以及应对反对移民的论调。[11] 在牛津大学读书期间，里兹的周围满是富裕的白人子弟，这让他感觉自己就像是一个局外人。他凭借在每周举办的"俱乐部"之夜这项活动中担任说唱歌手的机会，成功打入了上流阶级的社交圈子。这项活动在牛津大学广受欢迎，里兹的音乐生涯也就此开启。如今，他被自己的音乐粉丝称作"说唱歌手里兹"，他还与人合作创建了嘻哈乐团"斯威特商店男孩"（Swet Shop Boys），该乐团以无礼的幽默和尖锐的讽刺表达对社会不公的抗议。此外，里兹还为罗兴亚和叙利亚难民儿童发声。2017年，他入选《时代》（*Time*）"全球最具影响力百大人物榜"。

里兹选择在曼哈顿西面的一家不起眼的小餐厅里与我会面。当他走进餐厅时，我可以明显感觉到他所散发出的独特魅力和风度。我立即明白，他将要讲一些重要的事情。接着我们开始交谈，我望着他深情的双眼，能感觉到蕴藏在他人性中的巨大力量。全世界都对难民所遭受的苦难坐视不管，这令他愤怒不已。他用热情洋溢而具有说服力的言辞论证了我们为何要为这些难民发声：他们和我们一样，只是想生存下去，让自己和家人过上更好的生活。里兹说："在这一点上，我们都是一样的。"

甚至在我们还没开始谈论创意项目前，我就感觉到了和里兹之间的连接。我被他的精神力量所吸引，确信我们可以一起创作一些有意义的作品。当时确实有一个项目可以合作。不巧的是，由于受到"竞争承诺"限制，里兹最终不得不选择退出，没有可以商量的余地，这让我心碎。这不是我第一次未能与人达成项目合作关系了，当然也不会是最后一次，但是这次失败的经历尤其让我难过。里兹向我展示了真实的人性和无私，这在好莱坞并不多见。我的确相信宿命，相信美好的事物源于纯粹的目的，我相信我们将来还是会有机会合作的。

尽管这听起来有些违反直觉，但是在我的职业生涯中，我所做出的最专业的决定往往基于个人连接。如果我信任对方，或者对方让我印象深刻、深受启发，那么不管是否有经验证据支撑，我都愿意碰碰运气，相信我们的合作也会水到渠成。

20世纪80年代初，艾迪·墨菲（Eddie Murphy）名声大振。1982年，他的首部大荧幕作品，即与尼克·诺特（Nick Nolte）合作出演的《48小时》（48 Hrs）上映。1983年，他与丹·艾克罗伊德（Dan Aykroyd）在《颠倒乾坤》（*Trading Places*）中上演了对手戏。1984年，他出演的《比佛利山超级警探》（*Beverly Hills Cop*）轰动一时，成为当年美国票房最高的喜剧片。我太想和他见上一面了。

1987年，我终于找到了机会。那一年，艾迪带着他大受欢迎的单口喜剧演出《野马秀》（*Raw*）进行巡回表演。直到2019年，现场录制的《野马秀》（*Eddie Murphy Raw*）仍然是票房历史排名第一的单口喜剧电影。艾迪邀请迈克尔·基顿观看了演出，而迈克尔·基顿又邀请了我。我和迈克尔·基顿是在一起拍摄《夜迷

情》时熟识的。等这场演出结束之后，我们去了后台。我记得等
了好长时间艾迪才出来。当他终于现身时，他穿着标志性的紫
色皮革套装，看起来时尚极了，之前的等待都是值得的。艾迪具
有很强的存在感和"磁性"魅力。震惊、原创、勇敢是他的标签。
艾迪在舞台上表现出一种耀眼的自信，即使在台下，他也极度幽
默，你没法不喜欢他。

　　当时，艾迪与派拉蒙影业公司签订了独家制作和表演协议。
但我察觉到，派拉蒙影业公司和艾迪双方相处得并不愉快。艾迪
对影视圈失去了信任，他感觉自己没有得到充分的重视。

　　那晚，能在《野马秀》演出之后面对面地感受艾迪的活力，
令我兴奋不已，因为我得以从艺术家和普通人两种视角了解艾迪
本人。我给斯基普·布里滕纳姆（Skip Brittenham）打了一通电
话，让他帮我安排一次会面。斯基普是艾迪的代理律师，在娱乐
界极具影响力，他碰巧也是我的邻居和网球球友。

　　面对艾迪这样的好莱坞明星，很多人会避免与对方进行眼神
交流，即使是大导演和有权势的执行领导也不例外。我才不会犯
这种错误。于是我坐在他的对面，身体微微倾斜，这吸引了他的
目光。我想知道，真实的艾迪·墨菲到底是怎样的人，他真正在乎
的是什么。他观察力敏锐，很容易就能够识别对方的阿谀奉承。

但是，通过我的眼神、身体语言和说话腔调，艾迪判断出我并不想从他那里得到什么好处。于是，他逐渐敞开心扉，与我建立连接。从我们刚坐下那一刻起，一段友谊就开始建立起来了。

随着我们对彼此的了解更加深入，我很明显地感觉到，艾迪和我有着共同的目标：用最好的故事来拍摄顶级的电影。艾迪精通喜剧现场演出、音乐和电影等多种艺术形式，点子层出不穷，我们往往一谈就是好几个小时。有一天，艾迪分享了一个好点子，而这个好点子最终变成了电影《偷心情圣》（*Boomerang*）。

在这部电影中，艾迪饰演马库斯（Marcus），一位业绩斐然、狂妄自大的，以"最终决策者"和"沙文主义者"著称的主管。有一段时间，他让自己的助理代替自己同时向9个不同的女人献花，并附带一张卡片，上面写着："我的心里只有你。"后来，公司合并，马库斯遇到了一位漂亮的女上司杰奎琳（Jacqueline）[由罗宾·吉文斯（Robin Givens）饰演]，于是他把目光转移到她的身上，开始和她交往。马库斯很快发现，杰奎琳简直就是他自己的女版化身——总是不愿意承担责任、态度暧昧不清。很快，马库斯就引来了流言蜚语，遭到同事指手画脚，他人生中第一次成为被玩弄的对象。艾迪的点子很有远见，在20世纪90年代初，电影和电视剧情节通常围绕掌握权势的男性主角展开，而女性往往是受到伤害的一方。如今，这种局面已经翻转。

我们当时的演员阵容包括了哈莉•贝瑞（Halle Berry）、克里斯•洛克（Chris Rock）、马丁•劳伦斯（Martin Lawrence）、艾萨•凯特（Eartha Kitt）、约翰•威瑟斯朋（John Witherspoon）和大卫•格里尔（David Grier），这些活力满满、才华过人的演员最终让《偷心情圣》这部电影大获成功，并继续流传，成为经典。25年后的今天⑧，当人们在谈起这部电影里他们最喜爱的场景时，仍然开怀大笑，他们最喜欢引用的台词是："当我勾引你的时候……如果我决定勾引你，别担心，我会让你知道的。"

《偷心情圣》这部电影上映几年后，我和艾迪又合作了另外一部喜剧片。当时，电影《包芬格计划》（Bowfinger）已经在筹备当中了，剧本由史蒂夫•马丁（Steve Martin）撰写，以他最喜欢的一家巴黎小酒馆命名。史蒂夫创设了凯特•瑞姆斯（Kit Ramsey）这一动作戏份较多的主要角色，并打算邀请基努•里维斯（Keanu Reeves）或者约翰尼•德普（Johnny Depp）主演。但是我认为，这一角色非艾迪莫属。"凯特这个角色太适合他了！"于是我让艾迪看了剧本。艾迪看过后立即答应饰演这一角色，

---

⑧　《偷心情圣》在1992年正式上映，作者于2017年开始创作本书，中间间隔25年。——译者注

并且他认为，假如他在一部电影里同时饰演两个角色，会很有趣，同时也很有挑战性。他不仅想饰演凯特，还想饰演另一个角色——与凯特长相酷似的吉夫（Jiff）。史蒂夫很喜欢这个点子，因此我们就这么定了下来。

到目前为止，我与艾迪一起合作拍摄过五部电影和一部电视剧，这些电影或者电视剧有的极具创意，有的大获成功，有的既有创意又大获成功。假如没有最初两个人建立起来的连接，那么这些成绩都无从谈起。与任何良好的关系类似，最成功的创造性关系往往始于真实和纯粹的目的。这就意味着，在交流过程中，我们必须展现出自己真实的一面，不另有所图，对对方真正感兴趣，并且尊重对方。当两个人以这种方式接触时，对参与其中的人而言，这几乎总能带来有价值的结果。我与艾迪的第一次面对面接触，最终让我们建立了深度信任关系，因为我们从对方身上看到并发掘出了最好的一面。

在好莱坞，当时很多电影制作工作室、媒体平台和网络公司希望通过构建算法和金融模型来制作出低风险、能够一炮走红的热门影片。电影制作工作室的执行领导们试图找到完美的公式，尽可能以最低的成本满足观众的需求。因此，这导致故事情节和角色发展往往会大打折扣，电影也很快就会失去灵魂。在这一体系之下，艺术家很容易就会崩溃。

对我而言，想要制作一部热门影片，最有把握的方式就是建立并培养真正的、值得信赖的关系。面对任何一位艺术合作者，无论对方是演员、编剧、作曲家，还是其他相关的创意工作者，我的目标都是：认识他们本人，理解他们想要交流的内容及其原因。如果我认为自己可以信任他们，那么我就会给他们空间、自由和支持，让他们发自内心地、诚实地表达自己的想法。这种做法不仅让艺术家深受鼓舞，通常还会造就能激发观众强烈情感反应的故事，而这正是创作出的任何一部电影或者其他艺术作品所追求的终极目标。

第五章
相信愿景

人只有在审视自己的内心时，他的视野才会变得清晰。向外

看的人，沉迷于梦境，审视内心的人，才能保持清醒。

——卡尔·荣格（Carl Jung）

人们经常问我一部好电影是怎样拍出来的，他们都很好奇电影幕后到底发生了什么。他们通常对关于明星、聚会等更"有料"的内容感兴趣，因此我常常不知道该如何回答。现实情况是，拍电影并不像人们想象的那样充满魅力。实际上，拍摄电影要经过层层打磨，"使它达到理想效果"这项任务的复杂性和挑战性远远超出了一般人的想象。

作为电影和电视制片人，我的工作就是提出创意，然后把创意搬到荧幕上。制片人的角色很像企业家，每次都要从头开始，中途还会遇到无数障碍，很难保证一定能够取得好的结果，这无疑是个高风险行业。每一部新作品，你都需要让它吸引每个人，无论是投资方、演员还是观众，而且他们的思维方式、关注点和观点各不相同。不用说，这离不开多方斡旋。考虑到以上这些，对我而言，想要顺利完成某个项目，有两点至关重要：一是我坚信的清晰且令人信服的愿景，二是与他人建立强大连接的能力。

我随时随地都能想到拍一部电影或者电视剧的点子。有时候，点子源于我的个人经历；有时候，点子关乎包罗万象的人类主题。我最初制作的两部电影(《美人鱼》和《夜迷情》)都与我的个人经历有关。当时,我还是一名20多岁、想要干出一番事业的单身青年,这两部电影令我的心情放松不少。我苦苦追寻爱情,却一无所获,这激发了我创作《美人鱼》的灵感。这是一部浪漫喜剧电影,讲述的是一名男子与美人鱼相爱的故事。创作电影《夜迷情》的点子来自我近乎超人般的能力——我几乎能找到任何工作,然后再丢掉这份工作。于是我开始想,我能找到的最糟糕的工作会是怎样的呢?这部电影的主角在停尸房上夜班,晚上用停尸房做妓院招揽生意,这可能是一个恐怖且令人捧腹大笑的答案。

无论是什么样的点子,在刚开始,就故事本身,我都会问自己一些重要的问题:这个故事的核心内容是什么?是概念、人物、主题、使命,还是内心深处的激情?通过这个故事,我想激发观众内心的哪些想法或情感?观众为何会被这部电影吸引?但是,最重要的问题可能是:这部电影为何必须存在?对我个人而言,它为何如此重要?

电影《美丽心灵》(A Beautiful Mind)中讲述了约翰·纳什(John Nash)的故事,他是一名精神分裂症患者,最终通过自身的努力获得了诺贝尔经济学奖。我制作这部电影的目的是消除人们对精神残疾或任何患有其他残疾的人的歧视，这项使命对我而言意义重大。我的儿子赖利（Riley）现在30多岁，患有孤独症谱系障碍（俗称"自闭症"）。在他上小学的时候，我从学校围栏外面看他，看到一群孩子趁他喝水不注意的时候，将他的餐盘藏了起来。当他回到餐桌上，发现自己的餐盘不见时，他张皇失措，一脸困惑，那些孩子则大笑起来。此情此景令我心碎，我想要改变这种局面，于是决定讲述一个故事，以此传达对那些与众不同的人的共情和怜悯。

作家西蒙·斯涅克在TED上的演讲是有史以来观看人数最多的演讲之一。他说："人们关注的不是你做了什么，而是你为何要这么做，你所做的证明了你相信什么。"[12] 制作电影或者电视剧并不是靠单打独斗，而是靠相互合作，其中就需要电影制作工作室和投资方的支持，还需要包括编剧、导演、演员、制片人等在内的所有兢兢业业的参与者的共同努力。如果我对某个愿景持有怀疑态度，或者我无法用不可抗拒的、具有说服力的方式将这个愿景表达出来，那么，我将如何指望其他人相信这个愿景，并为之付出呢？我又怎么能吸引那些最具才华的、有趣的人们参与这个项目呢？

有时候，我会因为某个情节或者某个人物而喜欢上一部剧本或者一本书，但是其中的故事所传达的信息或者目的并不十分明显，或者并没有马上吸引我。在这种情况下，我通常会想方设法找出作者的意图，或者与作者一道研究，直到我真正相信其中的愿景。如果我不相信其中的愿景，那么我就不会将它制作成电影。因为我知道，别人也不会相信。那些并不相信所要传达出的愿景的制作人只会敷衍了事，为拍电影而拍电影。我们都看过这类令人生厌的电影。

当然，找到具有相同愿景的人，并说服他们参与项目，我的任务到这儿只完成了一半。如果没有相互信任做基础，那么我这两件事都做不好，更别说制作一部成功的电影了。因此，人们必须信任我，认为我是一个可靠的人，并且真正相信这个项目，相信我会信守诺言，而我也对他们抱有同样的期望。我们需要走到一起，面对面地看着对方的眼睛，明白我们有共同的追求，并且愿意为此付出努力，共同完成电影制作。能否建立信任关系，不仅关乎一部电影的成败，而且还关乎任何你想实现的伟大理念的成败。我经历过的最具说服力的例子，就是《美国黑帮》制作过程中的幕后故事。

20世纪90年代初，尼克·派勒吉〔尼古拉斯·派勒吉（Nicholas Pileggi）的昵称〕引起了我的注意。尼克娶了诺拉·艾芙隆（Nora Ephron）为妻，他们两人当时都是城里的大红人，更确切地说，是整个纽约的大红人。诺拉先前是编剧界的超级明星，后来转型成了一名导演，而尼克则是一位知名记者，以报道美国犯罪事件著称。在引起我注意的那会儿，尼克刚刚与人合作撰写了《好家伙》（*Goodfellas*）的剧本，该剧本是根据他的非虚构小说《盗亦有道：一个"精明仔"的黑帮生涯》（*Wise guy: Life in a Mafia Family*）改编而成的。不久之后，他又根据自己的同名书籍撰写了《赌城风云》（*Casino*）这一剧本。

尼克对20世纪的犯罪历史了如指掌，这给我留下了深刻的印象。他这种与如此多的黑手党头目和其他集团犯罪人物建立融洽关系的能力，也令我十分着迷。不管怎样，作为一名记者，尼克竟然赢得了足够多的信任，得以进入那个通常十分排外的世界。因此，很自然地，我主动联系了他，看我们两人是否可以开展一场"好奇心交谈"。他同意和我在Rao's餐厅共进晚餐。这是一家位于哈勒姆（Harlem）⑨的意大利餐厅，通常很难订到餐位。

Rao's餐厅自1896年开业以来，就一直坐落在东114大街（East 114th Street）和幸福大道（Pleasant Avenue）交叉路口

---

⑨ 作为纽约的一个社区，哈勒姆区在美国黑人文化发展史上有着极其重要的地位。——译者注

的一个角落里。直到20世纪70年代，轮到店主弗兰克·佩莱格里诺（Frank Pellegrino）开始掌管时，它才变成纽约真正的地标式建筑。自从米米·谢拉顿（Mimi Sheraton）在《纽约时报》上发表了一篇热情洋溢的三星好评后，该餐厅的预订需求便一路飙升。顾客之多，远远不是10张餐桌（确切地说是4张餐桌和6个雅座）可以容纳得下的。为了应对这一局面，弗兰克想出了一个新颖的点子——采用某种分时制度来经营餐厅。于是，他为每一位老顾客定期分配了用晚餐的时间——有的是每周一个晚上，有的是每月一个晚上——和一个餐位。最初的85位常客幸运地拥有了终生餐位的整晚使用权，即使他们提前结束用餐，餐位也不会再分配给其他人。当某个餐位的"主人"去世后，他们的家人通常会"继承"这个餐位。这样做的结果就是，其他客人去这家纽约餐厅里就餐变成了一件几乎不可能的事。即便是像席琳·迪翁（Celine Dion）、美国前总统比尔·克林顿（Bill Clinton）、汉克·阿伦（Hank Aaron）、约翰·戈蒂（John Gotti）这样的人物，也得有"门路"才能在那里就餐。

当我走进Rao's餐厅时，感觉就像是置身于电影《教父》（*The Godfather*）的现场。圣诞灯（明显能看出来餐厅里的圣诞灯一年四季都亮着）悬挂在精心装裱过的墙上，墙上同时还悬挂着辛纳特拉（Sinatra）和法兰奇·瓦利（Frankie Valli）照片。餐厅异常明亮，靠墙的位置放着自动点唱机，餐厅的尽头有一个吧台（吧台是由上过深漆的橡木制成的，上面垫着一张红色的人造皮革垫子），"马甲尼基"（Nicky the Vest，该调酒师因收藏了1000多件马甲的传言而获得此名）站在吧台后面招待客人。Rao's餐厅的装修一点也不豪华，是那种居家型的复古风格。男盥洗室旁边放着一个衣架，供顾客放置大衣。在这里，似乎每个人都相互认识，都知道对方想吃什么（Rao's餐厅不提供菜单，除非你主动要求，而主动要求餐厅提供菜单可不是明智之举）。我不知道自己会从尼克那里得到什么信息，也不知道他到底是个怎样的人，但是这家餐厅给人带来的亲切感及专有性似乎有利于我们建立真正的连接。他选择在这个地方与我见面，让我感到很欣慰。

就在这时，尼克走了进来。他身穿深色衬衫和夹克，身材高大（约1.83米），秃头，戴着一副玳瑁色圆框大眼镜。他有一种知识分子气质，看起来很安静，且不受外界的影响，这些特质让我很是着迷，我立刻就喜欢上了他。

我们在雅座就座，轻轻松松地就打开了话匣子。原来我们对彼此的职业和生活都有着十分强烈的兴趣。我急切地想要和尼克谈论他的作品，进一步了解他所熟知的犯罪领域。我知道，他能从我倾听和发问的方式当中感受到我的真诚和兴趣，因为我问的问题常常会引发他的思考。尼克自己本身也是一位兴致勃勃的倾听者，他经常通过讲述十分有趣的故事来回应我的问题，而我也会讲述一些自己在好莱坞的经历作为"答谢"。我们都对犯罪集团的头目的复杂性格以及为他们工作的执行者或助手的个性很感兴趣。

这些故事太迷人了，难怪美国黑帮分子会对尼克敞开心扉。即使在同一个故事中，他也会毫不畏惧地通过提高音量来强调其中的重点。他开诚布公地与我进行交谈，并且与我保持眼神交流。他的眼神里透露出的暖意很是吸引人，但他并不总是这样，在某个时刻，他的眼神里充满警惕。当然，这也说得过去，毕竟，他谈论的可是犯罪和黑手党，而这些内容都是保密的。我意识到，这场会面算是一场测试。他在判断自己可以谈得多深入，可以对我说多少内容，是否应该继续和我聊下去，或者干脆避而不谈。我的直觉告诉我，他具有十分清晰、坚定的价值观和界限意识，因此，我十分尊重他。

我们整晚都在进行眼神交流，无论是轻松有趣的聊天，还是深入而激烈的交谈，随着故事的讲述，我们都在不断地了解对方。我对他产生了一种无法用言语形容的信任感。我终于明白了为何从尼克刚走进餐厅的那一刻起，他就似乎成了餐厅里所有人的心头所爱。

最后，我们真诚地握手道别。当晚，尼克和我都同意继续保持联系。我可以看出来，这并不是往常那种空洞客套的"保持联系"。吃完一餐意大利家庭式晚餐，并品尝了一瓶基安蒂红葡萄酒（Chianti）之后，我们相互之间已经建立了一种连接，根据我的经验，这种连接通常要花好多年才能建立。我们相谈甚欢，彼此欣赏。我知道，我们一定会再次见面。此后，每隔1年左右，我和尼克都会聚在一起喝咖啡。

在Rao's餐厅会面10年之后，尼克打电话紧急联系我，说他发现了一个故事剧本，可以拍成一部好电影。他在《纽约》（*New York*）杂志上看到了由马克·雅各布森（Mark Jacobson）撰写的一篇名为《浪子回头》（The Return of Superfly）的文章。文章讲述的是20世纪70年代美国最大、最有影响力的毒枭和黑帮分子弗兰克·卢卡斯（Frank Lucas）的故事。

弗兰克出身于北卡罗来纳州（North Carolina）的一个贫民家庭，于1946年移居纽约，并在那里找到了赚钱的"捷径"。他开始抢劫酒吧和珠宝店，然后变得越来越大胆和肆无忌惮。他很快就发现，毒品交易可以让他在街头迅速牟利。于是，弗兰克开始与意大利的黑手党及黑人犯罪团伙竞争，逐渐积累经验，打响名声。为了破坏黑手党和黑人犯罪团伙的海洛因毒品交易，弗兰克决定直接前往毒品的发源地——东南亚的罂粟种植地。

在越南战争期间，弗兰克飞往湄公河三角洲，穿越丛林，与鲁奇·鲁碧华（Luetchi Rubiwat）会面——这是一个反常而冒险的举动。鲁碧华绰号"007"，是一名传奇的华裔毒枭，控制了位于泰国、缅甸和老挝边境的"金三角"地带的所有海洛因交易。弗兰克与他签订了一项协议，保证海洛因能避开中间商直接运往美国。就这样，弗兰克凭借一己之力实现了海洛因交易现代化，并最终成为美国最大的毒品帝国头目……至少维持了一段时间。最终，弗兰克被逮捕，被判处40年联邦刑期（由联邦政府提起公诉）和30年州刑期（由州政府提起公诉）。[13]弗兰克的招供导致100多名罪犯被定罪，而他自己入狱后过了几年就被释放了。

读完弗兰克的故事后，尼克被吸引住了。尼克得到特许去监狱探望弗兰克，花时间去了解他。尼克告诉我："我知道这个家伙从事毒品交易，但这正是他的魅力所在，我和他相处得很好，当他出狱时，我对他说：'你本身就是一个精彩的故事'。从那以后，我们就对彼此完全信任。那时候，我们之间还没有任何业务往来。有一天，弗兰克对我说他急需一笔钱，要为在天主教学校上学的孩子交学费，想跟我借1万美元。因此，我给了他一张1万美元的支票。我的妻子诺拉事后埋怨道：'你是疯了吗？'！"

我也被这个故事吸引住了，于是马上要求与尼克和弗兰克在我位于洛杉矶的办公室会面。仅仅过了几天之后，在会议室里，隔着一张长长的、发亮的椭圆形的会议桌，我首次与美国历史上最臭名昭著的毒枭见了面。你能够看出来他是一个犯罪头目。他威风凛凛、魅力超凡，让人几乎立刻就能相信他的传奇故事。

我不得不承认，单是与一名残酷无情的毒枭会面，就足以让人感到有些神经紧张，更别说与弗兰克这种知名毒枭进行合作了。弗兰克曾入狱多年，最近一次是因为非法交易海洛因而被判了7年的有期徒刑。尽管他从未因为暴力犯罪而入狱，但他曾承认过自己是一名冷血杀手（后来又矢口否认）。[14]我的好奇心战胜了良心上的不安。我想要深入了解弗兰克，这个愿望一时很难实现，我一刻也不能放松。我不得不一层层揭开这些谜题：他到底是个怎样的人？他的故事经得起当面推敲吗？他的故事能否被很好地转化为电影？从他的讲述来看，他的"救赎"在哪里？

他们两人就座之后，弗兰克就用眼睛打量着我，当他开始讲述的时候，我用坚定而敏锐的目光注视着他。当他讲到某处时，我身体向前倾斜，直截了当地问他有没有杀过人。尽管他并没有确切地承认自己杀过人，但他形象地描述了一些曾经发生过的事件，其中包括令人震惊的暴力事件。同时，弗兰克也向我讲述了自己对家庭的热爱及对母亲深厚不渝的忠诚。

弗兰克告诉我的求生故事震撼了我。虽然是一个半文盲黑人，但他不仅自学了如何生存，还学会了如何在面对贫困和暴力时取得成功。在会议室里我就决定采纳这个故事了。我知道，我必须制作一部电影，它的鲜明主题要比弗兰克生活中的具体细节更加宏大，故事的核心是美国梦和人类的足智多谋。

接下来，我必须与弗兰克制定协议的具体条款。很自然的，他想要从中赚取更多的钱。为了获取尽可能多的利益，他可能会接连不断地压榨我们。考虑到他的背景，我直视他的眼睛，直截了当地对他说："你看，我在电影界口碑良好，请你相信我，相信这部电影会顺利制作完成的，这将为你带来十分丰厚的收入。你现在就可以拿到期权付款，不久就能拿到购买付款，还会拿到票房分红。"他最终与我们签订条约，拿到了谈好的每一笔款项。

尼克现在已经80多岁了，他最近回顾了那次重大的会面，当时我们三个人都义无反顾地决定共同合作。他说："布莱恩，我从未怀疑过你，你是真正地全身心参与这部电影的制作的。我不知道弗兰克最后会怎么做。但正是由于你的全身心投入，与我们会面，弗兰克才开始信任我，我对他说：'我们会把这个故事制作成一部电影。'"

如今，尼克意识到，在好莱坞签订合同并不一定意味着电影就能够顺利地拍摄完成，但是，由于我们彼此互相了解——感谢我们第一次在Rao's餐厅会面时建立起的连接——他对我十分信任，我同样也十分信任他。我对尼克的价值观有足够的了解，我知道，他如果相信这个故事，那么这就一定是个好故事。事实上，这个故事确实很棒，比一个普通的"好故事"还要更好。当时，我没料想到的是，这将会是我的职业生涯中制作起来最困难的一部电影。

有了弗兰克的加入，我的下一步就是寻找世界上最棒的编剧。尼克和我都相信史蒂文·泽里安是最佳人选。他编写的《辛德勒的名单》(*Schindler's List*) 剧本荣获奥斯卡最佳改编剧本奖，其他一些剧本也获得了奥斯卡奖提名。通过尼克的引荐，我得以与史蒂文取得联系，让他阅读《浪子回头》这篇文章。他并没有马上答应，过了半年，他才真正地注意到这篇文章，又过了3年，我不断给他打电话，解释这个故事的愿景，并寄送研究材料，希望能够说服他。最终，他答应了撰写剧本。一旦决定撰写剧本，史蒂文就开始全身心地投入其中。

为了让史蒂文尽可能地写出最真实、最吸引人的剧本，我知道，他需要和弗兰克相互认识。弗兰克很少信任别人，但是他的确信任尼克。史蒂文和尼克是朋友关系，因此，让尼克作为联络人就再合适不过了。我聘请尼克担任了好几个月的"沟通中介"，让编剧和故事的主角相互沟通交流。最终，弗兰克和史蒂文相处得也相当愉快。弗兰克为史蒂文讲述了黑帮社会的阴暗，让史蒂文能够以独特的视角去了解其中的势力变化。在尼克的帮助下，史蒂文将这些故事写成了一个绝佳的剧本。他所写的每一个字都是天才之作，故事中所有的观点都得到了升华，独树一帜，精雕细琢，超过我们任何人的预期。

接下来，我就开始列名单，寻找大师级的导演来执导这部电影。我从顶级的雷德利·斯科特（Ridley Scott）着手。雷德利曾执导过《异形》（Alien）、《银翼杀手》（Blade Runner）和《角斗士》（Gladiator），他答应阅读剧本，因为这个剧本是由史蒂文·泽里安撰写的，而他们两人私交甚好。然而，看完剧本后，雷德利断然拒绝了我。他说他喜欢剧本设定的时代背景，但是他不能执导这部电影。我接着又咨询了其他几名导演，没有人对这部电影感兴趣。我们继续修改剧本，过了将近1年，我再度邀请雷德利阅读剧本，可他再次拒绝了我，因为他没有空当。因此，我最终屈服了，雇用了另外一名导演。

我面临的下一个挑战是说服史蒂文删减剧本。他提交的剧本长达170页，比剧本长度的上限还要多50页。在通常情况下，120页以上的剧本制作成本都太高了。按照最初的设想，史蒂文的剧本将会被拍摄成一部制作成本高达1.5亿美元的电影。在21世纪初，这已经算是天价了。因此我们不得不删减剧本以节约成本。然而，史蒂文强烈坚持让剧本保持原样。我屏住呼吸，将冗长的剧本交给电影制作工作室，工作室坚决回复道："不可能！"

到了这个节骨眼上，这部电影已经很难顺利地制作下去了。但我一旦对某个项目抱有信念，就会全力以赴。为了心中的愿景，无论中途遇到什么挑战（时间、金钱、规模或者其他相关方面的挑战），我都要看到项目最终完成。这就意味着，为了这部我十分在意并且充满信念的电影，我必须把我挚爱的剧本的预算控制在一定范围内，好让它通过制片厂的审核。尝试过所有其他方法后，我意识到，剩下的唯一的选择就是开除掉这位当今在电影行业内最成功的编剧。我告诉史蒂文，我不得不解雇他。果不其然，他对我失望至极，我想我已经把这段关系彻底闹僵了。

我找到了一位名叫特瑞·乔治（Terry George）的编剧，他也能执导这部电影。他说他能把这部电影的剧本删减到110页，他也的确这样做了，并通过了环球影片公司〔美国通用电气公司（General Electric）旗下的影片公司〕的审核。环球影片公司将这部电影的预算定在8000万美元，仅比我们之前预估的一半稍微高一点。遗憾的是，为了减少成本，我们不得不去掉原计划在东南亚拍摄的场景。对我而言，这是绝对不能让步的。

弗兰克冒着极大的风险只身一人前往湄公河三角洲，但他毫不畏惧，前往陌生之地，将自己置身于险境。这很好地证明了他的意志坚韧、足智多谋和不顾一切。这趟行程对于展现这部电影的主题和故事的真实性而言至关重要。假如这部电影中缺失了弗兰克生命中的关键部分，我绝对无法看着尼克·皮莱吉的眼睛说："是的，我看这样做也很好。"正因为我们有共同的愿景，尼克才信任我，我绝对不会去破坏这份信任。因此，无论这部电影的拍摄有多么困难，我都下定决心从头再来。我告诉电影制作工作室，如果不在亚洲拍摄，我就没法制作这部电影。

我需要把史蒂文请回来。因为他理解这部电影想要传达的愿景，另外他的作品是无与伦比的。我不停地向他道歉，还特意对电影制作工作室拒绝通过我们制定的预算这件事进行了解释，恳求他回来。最终，由于史蒂文对这部电影的信念占了上风，我与他之间重新建立了信任，于是我们一起出谋划策，思考怎么完成这部电影的制作。

那时候，我招募了安东尼·福奎阿（Antoine Fuqua），他是一名非常受欢迎的商业导演，当时刚在《训练日》（*Training Day*）中指导了丹泽尔·华盛顿（Denzel Washington）的演出，丹泽尔凭借此片获得了奥斯卡最佳男主角奖。在我的心目中，丹泽尔是唯一一位能够展现弗兰克·卢卡斯的复杂性和多面性的演员。丹泽尔对这个剧本很感兴趣，因为他对安东尼和我都很信任（我们第一次碰面时，丹泽尔已经在演艺界崭露头角，但还算不上巨星），所以同意饰演这个角色，但他有一个附加条件：作为一名品行高尚的人，丹泽尔表示要想让他参演这部电影，电影中必须展现弗兰克入狱的场景。他认为观众应该看到弗兰克为自己的残暴和罪行付出代价。接下来，弗兰克在监狱中找到了救赎之道，他与政府合作，为纽约市警察局历史上最大规模的反腐行动提供了帮助。

《美国黑帮》是一部"双主角电影"（电影里有两名主演）。里奇·罗伯茨（Richie Roberts）是一名十分有原则、意志坚定的地方检察官，他最终击垮了弗兰克·卢卡斯。但讽刺的是，私下里，他却受聘成为弗兰克的辩护律师。自此，两人成了朋友。我必须找到像丹泽尔那样具有才华的演员来饰演里奇。于是，我找到本尼西奥·德尔·托罗（Benicio del Toro），希望他能饰演这个角色。虽然从表面上来看，本尼西奥并不是最适合的人选（他是波多黎各人，而里奇则是一名在纽约长大的犹太人），但他是一名充满力量又极具说服力的演员，我认为他是合适的人选。

当时，我和史蒂文、安东尼及两名巨星准备开始制作电影，一切看起来顺风顺水。但是距离拍摄期只有4个星期的时候，电影制作工作室突然开除了安东尼。因为安东尼前期的准备工作已经花掉了3500万美元，包括年代戏装和道具，环球影片公司认为安东尼在财务开销上是不负责任的。他们不想看到电影开拍之后，制作成本一直上涨，因此决定停止这个项目以减少损失。震惊之余，我直接找到工作室负责人讨要说法。他不失礼貌地对我说："布莱恩，我们都很喜欢你，但是请不要再对我们说'美国'或'黑帮'了。"

那晚，电影突然叫停带来的痛苦真的打击到了我。我深爱这部电影的一切，无论是它设定的年代、音乐，还是电影主人公弗兰克的聪明才智、克服重重困难生存下去并取得成功的普适性主题。我爱它，因为它不仅仅是一部黑帮电影，同时还讲述了美国梦。我很难接受这部电影的拍摄计划可能要泡汤了这一现实。但是，第二天早上，我在淋浴时告诉自己：我已经深深被这个故事打动了，我相信这部电影会成功的，史蒂文和尼克也相信这部电影会成功的，他们还指望我来拍摄这部电影呢！今天，我要重新开始拍摄《美国黑帮》，我才不在乎电影制作工作室怎么说呢，我会找到合适的人，然后说服他们加入。接下来该怎么做，我毫无头绪，但是我知道我可以做到。20多年前，我就已经坚持拍摄出了《美人鱼》这部电影，将不可能变成了可能，如今，我也不会轻易放弃拍摄《美国黑帮》。

3个星期后，我偶然参加了一次好莱坞聚会，雷德利·斯科特刚好也在场。我穿过房间，径直向他走去。这次，我停下来，深呼吸，直接与他四目相对说道："雷德利，我知道您曾好几次拒绝过执导《美国黑帮》，但是，我恳求您再读一遍剧本好吗？"让我感到意外的是，他居然同意了。他注视我的样子让我预感到这次的结果可能会不一样。我内心充满期待，开始考虑整件事，我能想到的唯一问题就是：雷德利什么时候会给我回电话。

过了不到一周，他就打来了电话，说道："我要拍这部电影，你能把你的朋友丹泽尔请回剧组吗？"

我回答道："绝对没问题。"当然，我并不肯定，但是我不得不这样回答，我不得不坚信丹泽尔一定会答应的。所有的事情都处于模棱两可的状态。我立即与丹泽尔会面。他十分敬重雷德利的工作，还曾与雷德利已故的弟弟托尼·斯科特（Tony Scott）有过一段愉快的合作经历。最重要的是，他对这部电影所描绘的愿景仍然抱有信心。

丹泽尔重回剧组，但是我还得另外找人饰演里奇·罗伯茨，因为本尼西奥已经答应拍摄另外一部电影了。还有谁具备他那样的创造力呢？与罗素·克劳（Russell Crowe）一起拍摄《美丽心灵》时，我们彼此都十分尊重对方。我知道让他饰演里奇效果将会很棒，但是如何说服他加入又是另外一回事了。在《美国黑帮》这部电影里，里奇·罗伯茨并不像《美丽心灵》或《角斗士》里的主角那样引人注目。

于是，我和罗素见面讨论这个人物角色。他已经读过剧本了，他专注地看着我说道："这个角色还没有发掘到位，现在还没有立在那儿。"他这样说，我并不感到惊讶。因为我知道他不仅聪明过人、学识渊博，还特别精明。我知道，他时刻保持警惕，想要制作出更好的电影。我也盯着他肯定地答复道："我们会发掘到位的。我一定会全力以赴，请相信我，我会投入我所有的时间、精力和资源，帮助你完善这一角色，我会实现我的诺言。"

我与罗素分享了自己对剧本中的故事抱有的愿景和信念，并告诉他，史蒂文·泽里安将和他一起合作，塑造他本人能够信任的角色和台词。在还没接受电影人物角色之前就承诺加入电影拍摄，罗素承担了很大的风险。他能够接受这一角色，证明他对我信任有加。这种信任是在我们第一次合作时就建立起来的。至此，丹泽尔和罗素这两位在电影界最受人尊崇的演员都已决定出演电影中的男主角。

正当我以为我们已经做好了开拍的准备时，我们又遇到了另外一个难关。电影制作工作室的绿灯委员会（green-light committee）专门负责批准电影制作的预算，这是一次性的决定，没有商量的余地。他们同意将《美国黑帮》的预算调到1.12亿美元，但是雷德利坚称完成这部电影的拍摄要耗费1.2亿美元。我们好不容易走到这一步了，我不想再让拍摄计划因为预算中的这一笔小缺口而暂停。

我请雷德利来到我的办公室，这位坚强、无畏、毫不妥协的大导演（业界因此称他为"将军"）坐在"L"形沙发上，我不像往常那样猫着身子坐在沙发斜对角，而是直接坐在他面前的咖啡桌上。我们双膝靠在一起，我看着他说道："雷德利，请听我说。只有接受这1.12亿美元的预算，电影制作工作室的绿灯委员会才会同意让我们开拍。"这次，我得到了他的理解，他同意了，我们终于要开工了。

（颇具讽刺意味的是，这部电影的拍摄最终恰好耗资1.2亿美元。雷德利答应了最初的1.12亿美元预算，后期又向电影制作工作室提出加拍的要求，工作室想要在电影中展现这些镜头，于是同意增加预算。有时候都不知道这些事情到底是怎么发生的。真是有趣啊！）

我们要在曼哈顿拍摄这部电影，因此我决定将全家搬到纽约住1年，这一切对我们来说很陌生。我已经制作过将近100部电影，也许更多，可我之前还从未因为拍摄电影而搬过家，我知道不这样做或许能更好地掌控电影的拍摄进度。但是这次与以往有所不同，我与5个重要的人物（尼克、史蒂文、雷德利、丹泽尔和罗素）签订了合同，我将守护这份合同的荣耀。我现身于纽约的拍摄现场，也会提醒我们曾经对《美国黑帮》这部电影做出的承诺。

在好莱坞，拍摄这样一部电影就好比驾驶一架赛斯纳（Cessna）飞机穿过层层迷雾。你通常不知道自己置身于何处，但如果想在将来某一天安全抵达终点，你就不得不继续向前飞行。制片人这份工作，远远不像一门简单的艺术或科学那样容易操作，而且有无数个理由足以让《美国黑帮》这部电影永远无法与观众见面，但是最终，它拍摄成功了。实际上，这部电影不仅获得了很多奖项和奖项提名，而且还是有史以来最受欢迎的黑帮电影之一。

我坚信，《美国黑帮》这部电影之所以能够如此成功，是因为人与人的连接在其中起到了重要的作用。要不是因为和如今的老友尼克·皮莱吉当年在Rao's餐厅共进晚餐，我永远都不会碰到弗兰克·卢卡斯；要不是弗兰克最初与尼克建立了信任关系，他永远都不会信任我或者史蒂文，向我们讲述自己的故事；我确信，假如不是我和雷德利双方之前建立的良好声誉，以及他对编剧史蒂文的信任，我根本无法请到他执导这部电影；要不是因为信任我和安东尼，丹泽尔也不会被这部电影所吸引……这些都得益于我们之间的相互信任，以及对共同愿景的执着信念，尽管中途遇到过诸多挑战，但我们最终还是完成了《美国黑帮》的拍摄。

从某些方面来讲，没有什么事情能够与拍摄电影相提并论。但从另外一些方面来看，我认为，拍摄电影与别的重大事业别无二致。如果想要推出一个全新的学生领导力项目，学校的校长就必须向全校的师生传达愿景，因为师生的合作是必不可少的。如果想要开发一款新的应用，产品经理就必须充满激情，坚定地向员工描述开发这款应用的前景，然后与开发人员、财务、市场和销售部门进行跨部门合作，把这款应用做出来。只有在理解了自己想要讲述的故事后，餐厅业主才能执行一个新概念。

无论身在哪一个行业，将理念转化为现实通常需要团队交流合作。当团队成员相信同一个愿景，并且彼此也互相信任时，这个团队就会把事情做到最好。

第六章
你的眼神能透露出什么信息？

你不仅要为自身创造的能量负责，还要为自己向他人传达的能量负责。

——奥普拉

"层次性"（Hierarchy）在好莱坞十分盛行。在电视行业里，一个项目中的主创人员、执行制片人或者节目统筹（本质上就是总编剧）是最有权势、最重要的人物。在电影行业，创意制片人或者制片人负责将创意在电影中体现出来，他们拥有最大的决策权。无论是在电视还是电影行业，你都得从食物链的最底层做起，在收发室工作，帮忙买咖啡，或者像我以前那样，拿着文件在整个城市里来回奔波找人签字。即使具备非凡的写作才能，你也很难一下子就进入这个行业。你必须沉住气，愿意投入时间，一步一步地向上爬。通常，一个人要想建立名声，不仅需要耐心、毅力和运气，还必须清楚是谁在掌控这个行业。

尽管电影行业里有着严格的权力结构，但某些处于低端权力等级的人似乎拥有一种能够吸引好莱坞的注意的"超能力"。他们并不是制片人、导演或者总经理这类厉害的角色，但不知为何，他们能够让其他人感觉到他们说话有分量。有人认为，"自我"在这个过程中扮演着重要的角色。但我认为，眼神交流才是关键。过分展示自我，很容易给人留下傲慢或者自负的印象，会令人反感。相反，正确的眼神交流具有磁性，是一个强大的吸引力来源。此外，眼神交流对于展示风采、自信、人性，以及与他人建立连接而言都至关重要，而据我观察，这些品质会使一个人显得与众不同，从而引起我的注意。

朱莉·吴（Julie Oh）是在我们电影组（想象娱乐电影公司成立了一个新组织，以摆脱根深蒂固的"层次性"，鼓励展示企业家精神）工作的一位才华横溢的年轻执行领导，她在向我力荐某个主张时，展现出来的恰好就是这些特质。她的陈述总是热情洋溢、紧扣主题。她在表达自己对某个项目的决心时，总是充满自信、眼神坚定。在和我沟通时，她的眼睛一直注视着我，这样一来，她就能知道自己的想法是否传达得足够清楚。如果我显得烦躁，看起来很困惑或者充满疑虑，她就会停下来，问我是否有问题要问，或者是否要做出评论。当我们遇到像朱莉这样自信或者显得自信的人时，很自然地就会被他们的能量吸引，想要听听他们怎么说。

我见过很多身居要职的人，他们都很好地掌握了眼神交流的技巧，我相信这对于他们获得高位绝对有帮助。领导力并不总是比拼实力、职位或者境况。要想成为一名优秀的领导，首先就要与人进行眼神交流。毕竟，如果不和人们产生连接，你就不能使人们信服你的信念；如果你不能使人们信服你的信念，人们就不会跟着你走；如果人们不跟着你走，你就无法成为一名领导。因此，眼神交流真的至关重要。

2005年，我前往白宫参加《铁拳男人》（*Cinderella Man*）的首映式。我此前曾去过白宫，那是我第一次见到乔治·沃克·布什总统。我不知道接下来会发生什么事情。他总是一副亲切的样子，带有轻松的、德克萨斯式的感性和风格，但我并不知道当面见到他本人会是怎样一种情况。他会对我很友好吗，还是只是习惯性地对我保持礼貌？我与他之间的交谈，会像我之前遇见或认识的其他政客一样，只是流于形式吗？

迄今为止，我所见到的每一位总统都让我印象深刻。例如，比尔·克林顿总统本人就魅力非凡，名不虚传。即使你身处人群当中，他也能让你觉得自己是独一无二的。当我见到他时，我被他似乎只关注我的强烈情感所触动。他会直接凝视你，眼神集中在你身上，让你感到他只对你一个人有兴趣。你就像被施了催眠术一样，即使想抵抗，也毫无还手之力。

我第一次见到贝拉克·奥巴马总统，是在他位于华盛顿哥伦比亚特区的办公室里，与会见乔治·沃克·布什总统在同一天。奥巴马总统的风格与布什总统的风格完全不同。当时，他还只是伊利诺伊州（Illinois）的一名资浅参议员，还未达到政治生涯的巅峰。他在少数党成员中资历排名第99位，他的办公室最小，并且离参议院会议厅最远。尽管如此，你仍然能够感受到他的眼神展现出来的能量、意图和强烈的情感。他的办公室是我见过的有史以来最拥挤的办公室，里面挤满了选民，有的选民甚至不得不站在走廊里，手里拿着马尼拉（manila）纸制成的信封或者一袋袋杂物。即便如此，奥巴马也似乎能全身心地参与到我们的谈话当中，他几乎以一种完全放松的方式在与我交谈。我能感受到他所散发出的某种从容谨慎的锐气，这算不上一种算计，他并没有打量我。保持一种微妙的谨慎态度也许是一名政客自然养成的习惯吧。

接下来，我在白宫与乔治·沃克·布什总统会面了。当我和他握手时，令我十分惊讶的是，他的眼神竟然如此温暖而迷人。他的双眼完全注视着我，并没有匆匆一瞥而过。他当时贵为美国总统，绝对是个大忙人。但是，他的眼神告诉我，他完全专注于当下，会耐心地倾听我要说的话。他给人一种耳目一新、极度谦逊的感觉。他并没有向我灌输某种理念，或者掂量我的身份，也并没有向我打探消息或者像应付某个日程那样对我敷衍了事。他和我待在一起，完全是发自内心的意愿。

布什总统对德克萨斯州怀有深沉的爱，因此我们谈到了我在德克萨斯州敖德萨市（Odessa）拍摄的电影《胜利之光》。我发表了自己对德州文化的见解，而他则分享了在那种文化背景下成长的经历。在交谈过程中，布什总统巧妙地移动到我这一边，这样我们就能肩并肩地站在一起。每次当我调整位置面向他时，他都会立即走过来站到我身边。接着他会小心翼翼地用手肘轻轻地推我一下，仿佛在说："布莱恩，没关系的。"他那样做，并不是为了躲避我的目光，实际上，他还把头转向我，与我保持眼神交流。他给人的感觉是人与人只有肩并肩地站在一起，才能以更平等的方式建立连接，即使他贵为美国总统也不例外。

尽管我们可能将眼神交流视为一种人人都可以学习的行为准则或好习惯，但是，每个人进行眼神交流的方式会有所不同。我们每个人都有自身独特的风格，这几乎就和指纹一样，是你无法抹掉的印记。克林顿、奥巴马和布什同为美国总统，但是他们每个人都有独一无二的眼神交流方式。在不同情况下，他们如何看待你，能够反映出他们是怎样的人，他们想成为怎样的人，以及他们想与别人建立怎样的关系。

看着你的眼睛时，人们几乎立刻就能判定是否愿意听你说话，是否信任你成为他们的领导，或者是否想要深入地了解你。

因此，值得反思的是，你的眼神到底能传达出怎样的信息，它是否传达了你原本想要传达的信息？假如你是一个热情友好的人，你的眼神能向别人传达出热情友好的感觉吗？别人会因为你的眼神与你的意图不匹配而需要花更多的时间来了解你吗？如果不确定自己的眼神传达的信息到底是什么，那么你可以问你的家人或者好朋友，你的眼神到底会给人留下什么印象，然后不断地练习和调整，直到它传达的信息能准确地反映你是谁，你想成为怎样的人，以及你想在这个世界上展现什么。

我们当时已经在为电视剧《嘻哈帝国》选拔演员了，这是一部充满戏剧性、冲突、锦衣珠宝和悦耳音乐的电视剧。我们当时在寻找饰演琦琦（Cookie）的合适人选。琦琦·里昂（Cookie Lyon）是电视剧中主角卢修斯·里昂（Lucious Lyon）的妻子，而卢修斯·里昂则是由毒品交易商转型的嘻哈音乐界的巨头。《嘻哈帝国》的故事情节是这样展开的：琦琦代丈夫受罪，在监狱里度过了17年后刑满释放，但她无法从价值高达数百万美元的唱片帝国中索取属于自己的一半财产。该帝国是她的丈夫卢修斯趁她不在时，用她获罪之前贩卖毒品所赚取的40万美元建立起来的。同时，他们的三个儿子也在争夺公司的头把交椅的位置，兄弟之间为控制帝国而彼此"宣战"〔读者可以把这个故事想象成发生在嘻哈音乐界的威廉·莎士比亚（William Shakepeare）的戏剧《李尔王》（*King Lear*）〕。

作为家族的女掌门人，琦琦的人物形象很复杂。她打破了人们对有犯罪前科的黑人女性的刻板印象。她是一名不折不扣的诈骗犯，但是极其时髦，信念坚定，充满人性，有时候还具有深沉的怜悯心。她天生凶狠、聪明，又富有爱心。她魅力无限，同时又心狠手辣，有明显的缺点。在挑选饰演这一角色的演员时，我们想找的是能够体现所有这些特质的人。我们想找的这个人不仅要有足够的实力和底气挑战卢修斯，同时还要具备一种观众少见的、聪明且大胆的女性气质。塔拉吉·汉森（Taraji Henson）试镜才几分钟，我们就认定她就是我们要找的琦琦了。我们立即决定让她饰演这一角色。

尽管我并没有立刻见塔拉吉本人，而且过了一阵也没见到。但我从试播片里看到一些最初的样片，这些样片是未经过剪辑的原始片段，仅仅从这些片段中，我就能感受到她的真实和力量。她那双黑色的大眼睛十分迷人，时而闪耀着强烈的光芒，时而温和且充满关切。琦琦总是在不停地切换，从一个精彩的场景自如地切换到另一个场景，毫不费力。她的能量极具爆发性，让人看得如痴如醉。她说话口无遮拦，所说的正是心中所想，完全不会让人产生误解。在试播片段里，琦琦出狱之后，穿着一件劲爆的豹纹外套大摇大摆地走进帝国唱片公司的办公室，大喊道："我来拿回属于自己的那一份财产。"她无须证明自己的价值，她值得周围所有人的尊重。当她大摇大摆地走进办公室时，你能感受到她的存在。如果看过《嘻哈帝国》，你就会明白我说的是什么意思。由塔拉吉表现出来的琦琦的形象无人能及。

塔拉吉披着华丽的皮草，态度鲜明，将琦琦这一人物形象演绎得活灵活现，比剧本中原型的形象更加饱满。塔拉吉的影响力还不仅仅局限于这部电视剧，她在社交媒体上也十分活跃，还经常出现在杂志封面、博客和脱口秀节目上。她拥有无数女性的支持，她声音洪亮、悟性高、聪明、幽默、非常直率、不愿认错，同时还是一名女性主义者。我想，这样的她怎么可能不惹人喜爱呢？*Vibe*⑩杂志这样形容塔拉吉："她生性好斗、体贴、极富力量，她的衣橱里挂满了各种款式的皮草和豹纹服饰，金光闪闪。塔拉吉仅仅亮相一场首映式后，女粉丝就开始向她请教如何才能打扮得像琦琦一样了。"¹⁵因为琦琦这一人物形象已经渗透到文化中了。

这部电视剧上映几个月后，我和塔拉吉终于有时间见上一

<hr>

⑩　*Vibe* 是一本由昆西·琼斯（Quincy Jones）创办的音乐和娱乐杂志。该杂志的读者主要是爱好嘻哈乐的城市青年。——译者注

面。我无比兴奋和好奇，心想：她私下里到底是个怎样的人呢？很少有演员在现实生活中的风格和性格与荧幕上的人物角色十分相似，但塔拉吉是个例外。一看到她走进房间，我就立即知道，现实生活中的她和电影中的角色是一模一样的，甚至有过之而无不及。她浑身上下都散发着一种强烈的能量，吸引着你的注意力。

我想我是这样介绍自己的："我是布莱恩。"说实话，我并不记得我当时说了什么。她的眼神里有一种鲜明的无所畏惧，这让我措手不及。我在头脑中快速寻找一种技巧，帮助我再次保持镇定。我有好多这类技巧，在当时的情形下，我想到的是用橡皮筋弹手腕。这种视觉化的手段能够将我拉回到现实情境当中（我在会见重要政客和国家元首时也采用过这种技巧），使我重新振作起来，继续之前的谈话。

塔拉吉聪明灵活、具有创造力、喜欢社交。和电影里的琦琦一样，她直言不讳，会毫不犹豫地告诉你她心中的真实想法。在我看来，她不是一个优柔寡断的人。我发现，她十分机智，很会开玩笑，而且很有趣。那天，我们建立起了一种真正的连接，并由此发展成如今的伟大友谊，这种连接是建立在相互信任和相互尊重之上的。

第七章
让眼神开启第一步

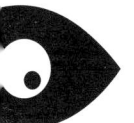

这是讲故事的人该做的事：用想象力恢复秩序，一次又一次地灌输希望。

——华特·迪士尼（Walt Disney）

"给我讲个故事！"在生命的某个阶段，我们都曾说过这句话，或者从我们的孩子那里听过这句话。一方面，故事源远流长，与穴居人绘制的岩画一样历史久远；另一方面，故事又具有现代性，可以与采用先进的计算机成像技术创造的全新世界的电影《黑豹》（*Black Panther*）和《星球大战》（*Star Wars*）相媲美。故事使生活变得更加有趣。通过故事，我们可以假装自己是另外一个人，或者逃到一个遥远的地方去。我们甚至可以在故事中做现实生活中不可能做到的事，比如与美人鱼相爱，或者进行时光旅行。故事包含了开启心智的经验教训，使信念、科学和爱等一切事物变得合理。[16]在故事中，我们找到了存在的意义。

人是社会性动物，需要与他人建立连接，而人类所拥有的最强大的武器之一就是讲一个动听的故事。故事不仅给了我们与他人交流融合的理由，也是我们了解自身、他人，以及他人在世界上的经历的方式。无论去哪里，在大街上或者在聚餐时遇到一位朋友，我们都会与他分享故事。我们记住了这些故事，这些故事就将我们连接起来。当人们告诉我，我的某部电影里或者第一本书《压榨式提问》里的某个故事与他们的经历很相似，让他们产生了共鸣，觉得自己并不孤独时，我的内心就会产生一种深深的满足感。

当然，故事的影响也有另外的一面。故事都是主观的，同一个故事，有多种不同的讲述方式，而且怎么讲都讲不完。并不是每个人都会被同一个故事所打动，也不是每个故事都能打动所有人，这是电影、电视剧和其他任何以讲故事为媒介的行业所面临的最大挑战。投资媒体内容（电视剧、电影、视频、音乐等面向观众的内容）的公司与大部分公司一样，都想要规避风险。

这一冲突导致的矛盾就是，具有原创精神和创造力的故事讲述者很难进入以故事为驱动的行业。这也就引出了我的观点：如果想在好莱坞以讲故事为生，那么你就必须学会推销这门艺术，而推销的关键在于与人建立连接。假如我没有成功地推销出我的电影和电视剧，那么它们都将无法问世。

无论是身价不菲的编剧，还是地位卑微的随笔作家，他们迟早都要参加故事说明会或者推介会。其过程通常是这样开展的：你想到一个制作电影或电视剧的好点子，然后将它写成剧本，向不同的电影制作工作室或者潜在买家推销，以获得资助或者发行机会。然而现实是很残酷的，电影制作工作室有时候每天要对三四十次推销做出评估，然后从中挑选出一两部作品。我对这个过程非常熟悉。即使到了今天，我仍在继续向他人推销我所相信的故事。这些年来，我获得了成功，同时也遭到过无数次的拒绝。

当年尝试制作《美人鱼》这部电影时，我曾一次又一次地遭到他人的拒绝，当时我基本上已经不想再跟踪进展了，因为没有人会想要看有关美人鱼的电影。毫不夸张地说，我参加了几百场推介会，在会议上，那些电影制作工作室负责人不但拒绝了我，而且还指出我的故事设定太愚蠢了，他们似乎在以这种出格的方式羞辱我。整整7年时间，我都没有把《美人鱼》这部电影推销出去。如果借用高尔夫球开球来为"精神错乱"打个比喻，那我基本上就是一直在用同一种方式击球——逢人就说这是一部美人鱼电影，期待能够得到一个不同的结果。

某一天，与一位朋友聊天过后，一切都变得不同了。他问我为何会想到这样一个点子：美人鱼爱上了一位来自长岛的普通的、勤劳的小伙子。我告诉他，《美人鱼》的创作灵感来自我个人在洛杉矶的求爱经历。在洛杉矶，似乎一切都很肤浅，恋爱关系也不例外。于是，我开始幻想：我的梦中情人到底是怎样的一个人……她善良大方吗？她会怎样看着我？我和她在一起是什么感觉？接着我想到，我们该怎样见面，哪些因素会让她变得难以接近（给她戴上一条美人鱼尾巴似乎是一个足够大的障碍）。

在说话的过程中，我忽然停住，明白了自己之前一次次推销时犯的错误：我一直试图向电影制作工作室负责人兜售故事。但是，就像我之前解释的那样，故事具有主观性，每个人都可以以任何理由来反对某个特定的故事，而要拒绝几乎人人都能感同身受的普适性的主题、经历或感受，就会困难得多。弄清楚这一点后，我意识到，我需要重新包装《美人鱼》这部电影。

我的下一个推销对象是迪士尼。到了那里之后，我采用的方法与以往的完全不同。我并没有一开始就说这个剧本讲述的是一名男子爱上了一条美人鱼的故事，而说这个故事的核心主题是人类对爱的普遍追求。每个人在人生的某个节点上，难道不都认为找到真爱要比遇到美人鱼更加困难吗？坐在房间里的一群执行领导，有人敢说爱不重要吗？在推销的过程中，我确信我的个人经历能够让房间里的其他人在某种程度上与我产生共鸣。功夫不负有心人，迪士尼最终买下了《美人鱼》这部电影，观众很喜爱这部电影，我也因为合著剧本而获得了人生中的第一次奥斯卡奖提名。

如今，每当要向别人推销一个电影或电视项目时，我总是以一个无可争辩的普适性主题——人类经验中必不可少的要素——开头。我故事里的主人公具有人类普遍追求或支持的目标，比如爱、家庭团结、自尊和在逆境中求生存。下文列举了一些案例。

《天才》(*Genius*) 是由国家地理频道发行的一部纪录剧情片，讲述了世界上最有名的思想家和发明家的故事，第一季的主人公是阿尔贝特·爱因斯坦 (Albert Einstein)。从表面上来看，这是爱因斯坦这个人的具体故事：一名叛逆的青年和普通的学生，一位无业却解开了原子和宇宙奥秘的父亲。但是，我的推销却是从这个故事的核心主题开始的：努力实现自我、勇于挑战既定的想法。

就像我在前面的章节里提到过的那样，《美丽心灵》讲的是关于约翰·纳什的故事。他是一名患有精神分裂症的天才，获得过诺贝尔经济学奖。如果不是妻子的爱拯救了他，他很可能会被疾病彻底击垮。但我是这样推销的：《美丽心灵》这部电影是关于那些与众不同的人的故事，关于人类发挥共情、寻找共通人性的故事。

电视剧《温馨家族》(*Parenthood*) 讲述的是加利福尼亚伯克利市 (Berkeley) 布雷弗曼 (Bravermans) 一家三代人的故事。这部电视剧真正体现了每个家庭都具有复杂性和特殊性的事实。我们朝街对面望去，认为那里住着的一定是一个完美的家庭，但我们最终会意识到，世界上根本就不存在完美的家庭。类似的，电视剧《发展受阻》（*Arrested Development*）讲述了家庭功能失调的布卢特（Bluth）一家人的故事，它最终同样颂扬了家人之间的爱。无论这些家庭有多么不完美，我们都想要看到他们一家人在一起。为什么？因为这样的结局会让我们感到幸福和安全。

我确信这种推销方式——从故事中找到人类共通的主题，并围绕它展开——是我"兜售"点子的能力的重要组成部分，让我得以在影视界这一竞争异常激烈的高风险行业里站稳脚跟。在这个行业中，人们对创造性思维通常持谨慎态度。普适性主题更容易让观众产生共鸣，因此这通常是设计能够将观众的情绪带到高潮的超然事件的主要元素。最好的电影都采用这种做法，以从根本上降低投资者的风险。

当你向你的推销对象介绍一个能让他产生共鸣并且相信它的主题时，他们会感到自身与故事连接得更为紧密。但是，同样重要的是，他们也要与你这个推销者产生连接。这些年的推销经历让我明白了，从进入房间的那一刻起，你就应该保持专注和投入。进入房间后，不要背脑海中准备好的开场白或者看手机，而是要保持开放的态度，渴望与他人建立连接。

大部分会议在开始阶段都会有几分钟的时间用来相互寒暄，但是，我们都曾遇到过这样的窘况：几分钟的寒暄似乎没完没了，主持会议的人不知道何时或者如何切换话题，你会看到其他参会的人已经变得越来越不耐烦了。如果你不想毫无意义地浪费更多时间，请试着克服这种不耐烦情绪，不要害怕主导话题。事实上，我总是用轻松随意的口吻请求对方正式进入会议主题。

你甚至要在开始讲话之前，让你的眼神开启推销的第一步：确保抓住他人的目光，从而将你的想法传达给他们。在通常情况下，向多人推销时，你需要轮流注视着他们。如果你只把注意力集中在会议室里最重要的人身上，那么其他人的注意力就可能会脱离话题。考虑到负责人在你离开后往往会征求其他人的意见，因此，让每个人都参与进来，这一做法是值得极力推崇的。

我们都有过这种苦恼的经历：我们的交谈对象不希望与我们进行眼神交流，他们会低着头看手机，或者目光呆滞。如果在推销的过程中注意观察他们，你就会发现，他们早早地就已经对谈论的话题失去了兴趣，你无法再将他们拉回来。因此，你应该让你的推销词变得更加紧凑，把重点放在高潮部分，或者插入一段简短的个人经历来岔开话题，例如："昨天我和我女儿聊天时，她谈到了一件发生在她与她朋友之间的类似的事情……"

请注意，不同的人会在不同的时刻，以不同的方式对你的推销作出回应。他们的眼神、身体语言（如点头、微笑、大笑）和口头语言（"确实是这样！"）会告诉你他们是否在紧跟话题，以及在紧跟谁的话题。更重要的是，这些信号会告诉你他们真正听进去了你的哪些谈话内容。

在整个推销的过程中，我试图通过解读听众发出的信号来保持兴奋感和动力。当我发现每个人都抓住了话题的要点时，就赶紧"收工"。我总是想吊听众的胃口。我并不想让对方当场做出决定，或者介入后续的环节，除非对方主动提出要求。如果有其他买家对我的电视节目或电影感兴趣，我只会说一句"请尽快告诉我结果"，然后离开房间。

最近，我一直在与朋友马尔科姆·格拉德威尔（Malcolm Gladwell）紧密合作，拍摄一部根据他的畅销书《异类》（*Outliers*）改编而成的电视剧。这本书主要回答了一个问题：是什么让成功人士变得与众不同？"所有成功者案例都遵循的某种可预知的线索，这条线索并不完全是智力因素。"对此，格拉德威尔写道："这条线索也不完全是个人选择和个人努力的结果。

这条线索，确切地说，在某种意义上是'上天的成全'。'异类'是那些获得特殊机遇之人——是那些耐心等待，当机遇到来时就当仁不让把握住机遇的人们。"[11]

本书所传达的信息——就成功而言，抓住机遇、努力工作要比智力更加重要——与我的个人经历密切相关。对于这次合作，我一直充满热情。向别人推荐这部电视剧时，我不仅仅是在兜售商品，而是真正地相信它。

就在不久前，我与一名决策者共同参加了一场影视项目推介会，我很尊重对方，但也觉得很难读懂对方。他很少发言，举止几乎处于克制状态，没有人知道他内心的真实想法。会议一开始，我就感到不舒服。整个会议室死气沉沉，毫无活力，根本无法活跃气氛。在这种情况下，我要如何激起人们对项目的兴奋感呢？只有一种办法。

我抛开内心所有的疑虑和压抑，变得热情洋溢。我毫无保留、真诚而坚定地表达我的观点。最后，我自信地与会议室里的绝大多数人建立了连接。那天，在我走出会议室时，仍然不确定自己是否与最有话语权的决策者建立了连接。和我预想的一样，

---

⑪　马尔科姆·格拉德威尔. 异类 [M]. 苗飞译. 北京：中信出版社，2014。——译者注

在整个推销的过程中，他都面无表情。

让我感到意外的是，当晚我就接到了那名决策者打来的电话。他打电话是想告诉我，我的故事多么令他感动。我将自己的满腔激情注入这个项目中，最终得以与我认为不动声色的人建立起连接。得知我的推销对他产生了如此深刻的影响时，我感到很欣慰。无论对方是否决定买下这部电视剧，我都认为自己成功了。生命的本质就是"人"本身，当我感觉到与自己非常尊敬的人产生连接时，这比成功地卖出了一个项目重要得多了，我的内心也因此而获得了一种强烈的满足感。

第八章

当众发言：面对面交流建立亲密感

站起来发言需要勇气，坐下来倾听同样需要勇气。

——温斯顿·丘吉尔（Winston Churchill）

我们所有人在某个时刻都曾听到过这个问题:你在看什么?实际上,并不是每个人都喜欢被别人看,或者被某个人看,又或者被以某种方式看。

我在上学那会儿,还不知道自己患有学习无能,因此感到十分难为情。我不仅不想让老师看着我,也不想让其他人看着我。如果感觉到有人在看我,或者发现他们朝我这个方向看着,我就会采取防卫措施并痛斥对方。因此,我常常与别人发生口角,落了个"爱闹事"的坏名声。

因此,似乎总有人想跟我打一架。在我14岁那年,一个来自德克萨斯州的强壮的孩子,名叫杰克·琼斯(Jack Jones),当着所有人的面,在食堂中央挑衅我(按照惯例,约架通常约在手球场,因为那里的围观群众会少些)。

他站起来说:"伙计,现在开始吧。"

其他同学都扭头看着我,我感到体内升起一股热气。我并不想和杰克打架,但我感觉自己已经无路可退了。如果我在这时候打退堂鼓,那么其他人可能就会把我当作懦夫。可如果我和他打架,那么我很可能会被他狠狠地揍一顿。

我说:"好吧,放马过来吧。"结果的确如我所想,我被他暴揍了一顿。

如今，我是一名成年人了，我知道，当我们担心其他人怎么想的时候实际上就是放弃了自己的力量。有时候，传达自身勇气最好的办法就是不向他人的侮辱或者敌意屈服。我同时也摆脱了小时候困扰我的难为情。对我而言，这是极其幸运的，因为在我目前所从事的职业里，我几乎每天都会成为公众关注的焦点。

如今，不管是向电影制作工作室推销影视项目，还是在会议上发言，在电影拍摄现场，抑或是准备出镜，我通常处在聚光灯下，有无数双眼睛盯着我看，但有一件事能够使我从中找到安慰，甚至大多数时候让我十分享受，那就是通过连接与观众建立亲密关系。但是，如何与几十、几百，甚至几千人建立亲密关系呢？要知道亲密关系可是通过面对面的交流才更容易形成的。

时光回到2002年，我当时正在参加于比佛利希尔顿酒店（Beverly Hilton Hotel）举行的奥斯卡提名者午宴，旁边坐的是威尔·史密斯（Will Smith）。他当时因为出演由迈克尔·曼（Michael Mann）执导的电影《拳王阿里》（*Ali*）而获得奥斯卡奖提名，而我和朗·霍华德则因为电影《美丽心灵》而获得提名（朗获得最佳导演奖的提名，我们两人共同获得最佳影片奖的提名）。午宴十分奇怪：它原本应该是不拘礼节和放松的场合，但实际上，它比身处奥斯卡金像奖颁奖典礼更让人感到不自在。

你可能会想象出以下场景:宴会厅里站满了好莱坞业内人士,人们彼此认识,轻松地交换着话题,相互恭维和称赞,其乐融融。但事实恰好相反。我们当中的很多人仅仅只是知道对方的大名。你最敬仰的同行用眼神注视着你就会令你感到极度不安,再加上心照不宣的竞争意识(毕竟我们都是来竞争同一个奖项的),这可不像在海滩上度假那样轻松。光是出席午宴,我就感到有一丝紧张了。因此,当威尔·史密斯自愿站起来当众发言时,我不由得对他心生钦佩之情。

他满脸微笑地说道:"嘿,这难道不应该是一场狂欢吗?我们来到这里,难道不应该兴奋起来吗? 很高兴在这里和大家见面! "

在那一瞬间,他凭一己之力就改变了整个房间里的氛围。威尔察觉出我们内心都感到不安,于是与午宴上的所有人都建立起连接,让人们知道,内心感到不安的不止自己一人。在威尔发言时,我们开始大笑,紧张情绪一扫而空。当他回到座位上时,气氛更加缓和了,每个人都已经放松下来了。我想,起作用的不是威尔当时所说的话——说实话,他所说的大部分内容我都已经记不清了——而是他友好的性格和乐天派的举止。他兴高采烈、十分放松、胸有成竹(你永远也想不到,他是那届颁奖典礼上的失意者，因为《美丽心灵》和《训练日》击败了他出演的《拳王阿里》，荣获了当年的奥斯卡奖）。

如今，你可能会这样想：好吧，他可是威尔·史密斯啊！他当然是魅力超凡、信心满满的。然而，我知道很多名人——远比你想象的要多得多——他们看起来对自己充满信心，但在当众发言或者面对许多观众时，他们会感到害羞和不自在。我不知道当时威尔内心的感受，不知道他是不是因为信心不足或者焦虑不安才这么做的，但我知道很少会有人冒险去做威尔所做的事情。尝试与不止一人，而是满屋子的人建立连接，并且不知道他们是否乐于接受，这需要极大的勇气。

当我不得不当众发言时，我就会想起威尔当年在午宴上是如何挺身而出，缓和房间里的氛围的。我想，我们都认识这样的人：他们不一定有名气，但是不知何故，他们似乎能轻易展现出自己最放松、最自然的一面。当你准备演讲或者演示时，在脑海里想象这样一个人，会对你有所帮助。你甚至可以在发言时想象他们发言的场景，通过心灵的眼睛去观察他们如何站立、移动，感受你被他们注视时的感觉。当你在想象他们发言的场景的时候，不要试图去模仿他们，而是要内化他们的风采，化为己有。

1996年，我们的电影《阿波罗13号》（*Apollo* 13）获得奥斯卡最佳影片奖的提名。在颁奖典礼前的数周时间里，很多人都向我保证《阿波罗13号》最有可能获奖，因此，尽管不会说自己十分期待获奖，但我的确感到我们获奖的概率很大。为以防万一，我专门写了一篇经过深思熟虑的获奖感言。

奥斯卡金像奖颁奖典礼当晚，我坐在剧场里，有些不知所措。虽然这不是我第一次坐在这里，但一想到坐在我周围的都是影视界举足轻重的人物，而且全球足足有3500万名观众在收看现场直播，我的内心依旧起了波澜，心想：有这么多人在看着我们呢，我的脉搏明显加快了。

我努力保持镇定，但当轮到宣布最佳影片奖——通常是当晚压轴的奖项——获得者时，我坐在椅子边缘，紧张得全身发战。马上就要宣布了吗？我们会获得奥斯卡奖吗？西德尼·波蒂埃（Sidney Poitier）是一名非常优雅从容的演讲者，嗓音却极其刺耳，由他来宣布获奖者，我内心的焦虑达到了有史以来的最高点。

"接下来，获得奥斯卡最佳影片奖的是……"西德尼打开了信封。他的口型告诉我，他准备念出"B"这个字母，由于上台领最佳影片奖的通常是电影制片人，我便立即得出结论：他要念我的名字了。我心想：布莱恩，获奖者是布莱恩·格雷泽！我兴奋地从座位上跳起来，然后朝舞台走去。

"《勇敢的心》（*Braveheart*）！"

我蓦地停住了，全身冒出一阵热汗。我试图趁人不注意，偷偷地溜回到座位上，我慢慢地向后走，但是，人们都回头看向我。离我几排远的地方，某个知名电影制作工作室的老板看着我，用拇指和食指在额头前比画出字母"L"的形状，也就是全球通用的"输家"（loser）标志。我窘迫至极，瘫倒在座位上，身体往下陷，感觉整个世界都对我关上了大门。

我坐在过道旁，执导《阿波罗13号》的导演朗坐在我身旁，在他旁边的是吉姆·洛威尔（Jim Lovell），也就是汤姆·汉克斯（Tom Hanks）在电影中饰演的宇航员的原型。[12] 突然，我感到吉姆抓住了我的胳膊，他倾斜身体越过了朗，与我四目相对。

他安慰我说："没关系的，我也从来没踏上过月球！"这句话十分亲切，让我感觉好多了，心里也踏实起来了。

几年后，我又来角逐奥斯卡奖，情况变得有点不同。尽管从概率上来看，《美丽心灵》仍然被人们看好，但是我不再将这视为理所当然。我口袋里有一份将要感谢的人的名单——假如我

---

⑫　吉姆·洛威尔也是《阿波罗13号》这部电影的编剧及原著作者之一。——译者注

们真的获奖了——以及一些轻松的话题，就这些了。我大概是不想因为准备得太充分而走了霉运。

终于轮到揭晓奥斯卡最佳影片奖，汤姆·汉克斯出来颁奖。此时，我再次如坐针毡。但是，这次我连动都没动。宣布最佳影片提名时，直播镜头来回在提名者面前晃动，因此，我尽可能地保持镇定。汤姆打开信封，念道："获得奥斯卡最佳影片奖的是《美丽心灵》，有请制片人布莱恩·格雷泽和朗·霍华德！"我体内的肾上腺素剧增，每个人都在欢呼，我站起身来走了几步。罗素·克劳拥抱了我，在我耳边轻声说了几句鼓励的话。

我走上台的时候，别人可能看不出来，但实际上，我全身都在发抖。我想要向所有为这部电影做出贡献的人表达自己的爱，因此，我从口袋里拿出小字条，看着上面写的话。但是，大家都知道，阅读不是我的强项！我无法集中注意力，我头脑中的焦虑情绪来回翻滚：万一我念得磕磕绊绊怎么办，又或者我的发言太长，被音乐声打断怎么办？

当时，我抬起头，扫了一眼台下的观众。我注意到坐在前排的五位女演员：安吉丽娜·朱莉（Angelina Jolie）、妮可·基德曼（Nicole Kidman）、蕾妮·齐薇格（Renée Zellweger）、朱莉娅·罗伯茨（Julia Roberts）和桑德拉·布洛克（Sandra Bullock）。我想，这听起来就像是气势壮阔的五重奏：五位集非凡才能、成就和美貌于一身的女人。但事实上，我认识她们所有人。轮流看了她们一遍后，我重新找回一些掌控感。就像当年吉姆·洛威尔在我失意的时刻给予我支持一样，这几位令人敬畏的女人——她们恰好是我的朋友和同行——给了我一些支持。当我挣扎着在脑海中按顺序整理字条上的名单时，我能看到她们都在为我加油。她们的眼神告诉我：你可以的。我突然收起准备好的发言稿，开始即兴演讲。

我对着面前的无数观众坦白道："我实在太紧张了，我知道你们没看出来。"

他们当然看不出来。观众开始大笑，整个典礼会场的氛围活跃了起来。这句话彻底打破了僵局，如果我没有与前排那些熟人建立起连接，谁知道事情会朝怎样的方向发展呢。

那晚，我使用了一个让我在其他无数个公众演讲场合中游刃有余的小窍门。我将自己的注意力从一大群人缩小到一个人（或者当晚在场的几个人）。这让我可以在任何情形下与他人建立起亲密的连接，这类连接是我的命脉所在。这种方法可能听起来简单，而且我的经历可能比较罕见，不是每个人都拥有不得不在电视直播里发言的"好运气"，但是无论你是谁，无论是在销售会议上发言，还是在生日聚会上发言，它的原理都是一样的。

几个月前，我和维罗妮卡让我们14岁的儿子帕特里克在"世界儿童奖章"颁奖晚宴上介绍我们这对获奖嘉宾。如今，帕特里克已经是一位十分沉着、冷静的孩子了。别人可能看不出来，但是身为父母，我们能看出来，他第一次当众发言时有些紧张，而且那天现场的听众还不少。

活动当晚，我们都坐在最前面的桌子上。全家人都到场了，包括帕特里克的叔叔和婶婶，还有我们的一些好友。我注意到，帕特里克手中卡片上的字迹已经被他手心里的汗水弄得模糊不清了。接着，我听见他和维罗妮卡在低声说话。他想知道他是否可以小声地再和妈妈最后练习一遍介绍词。于是，他们坐在桌旁，隔绝周围的干扰，集中注意力练习。维罗妮卡提醒帕特里克要放慢语速、自然地停顿，而且最重要的是要抬头与观众建立连接。维罗妮卡让帕特里克在人群中找到我们，这样他就能感受到我们在为他加油鼓劲了。

到了颁奖的时刻，帕特里克走上颁奖台。看着他身穿我的浅灰色西装，系上我最喜欢的细长黑领带，显得镇定自若，我就忍不住想流泪。我和维罗妮卡看见他做了一次深呼吸，眼睛扫视前排寻找我们。当我们的目光聚在一起时，他获得了一种安全感，于是开始发言。

"很高兴我的父母让我登台来为他们说些好话……而且是当着300人的面说！"

台下观众开始大笑，帕特里克也灿烂地笑了起来。

他继续不紧不慢地发言、停顿、抬起头微笑。他表现得如此自然！

有时候，你不得不面对陌生听众发言，没有像我在奥斯卡金像奖颁奖典礼上或者帕特里克在"世界儿童奖章"颁奖晚宴上那样的个人连接。在这种情况下，最好的办法就是努力与听众里的某个人创造连接。例如，你可以把注意力集中在正对着你的人身上，想象你只对他说话，又或者，你可以挑战自己，在人群中找到某个特定的人，引起他的注意。

几年前，我受邀在西雅图举行的微软CEO领袖峰会上发言。听众里有其他受邀的发言人，包括亚马逊网站（Amazon）创始人和首席执行官杰夫·贝索斯（Jeff Bezos）、沃伦·巴菲特、可口可乐公司时任首席执行官穆赫塔尔·肯特（Muhtar Kent）、埃克森美孚时任首席执行官即前美国国务卿雷克斯·蒂勒森（Rex Tillerson）及比尔·盖茨（Bill Gates）本人。这些商业精英的地位堪比我在奥斯卡金像奖颁奖典礼上见到的好莱坞精英，因此我再次感到有些紧张不安。更糟糕的是，在我上台发言之前，有人告诫我，比尔·盖茨将坐在前排。据我所知，他有个习惯，喜欢在别人演讲的过程中看手机。因此，即使他认真听我的演讲，看起来也会好像并没有在意我。我不会觉得他在冒犯我，因为他本身就有这个习惯。

挑战来了——既然盖茨是如此难以被吸引，我就下定决心无论如何都要引起他的注意。但是，我该怎么做呢？

巧合的是，盖茨刚好在我前面演讲。他在演讲中提到，世界上某些地方依旧有相当多的人罹患脊髓灰质炎（polio，俗称"小儿麻痹症"）。我默默地记下了这条信息。实际上，制造出首例脊髓灰质炎疫苗的乔纳斯·索尔克（Jonas Salk）是我儿时的偶像，与他会面是我人生中最重要的时刻之一。我曾与Thrive Global（知名健康内容服务平台）创始人兼首席执行官《赫芬顿邮报》网站创始人阿里安娜·赫芬顿一同登上舞台，由她来采访我，我决定讲这个故事。

我开始说道："盖茨，你刚才提到了脊髓灰质炎，我想告诉你的是，乔纳斯·索尔克可是我儿时的偶像……"

这果然引起了盖茨的注意。他抬起头来，我吸引了他的目光。即使是在一个大舞台上面向无数听众发言，可我感觉就像是直接和他对话一样。

这个故事我也在《压榨式提问》一书中有所提及，故事是这样的：

最开始与他人进行"好奇心交谈"时，我尤其想要交谈的为数不多的对象就包括索尔克。我当时是个无名之辈，而他却是世界上最有名的医学研究者之一。但是我很执着，无论能否得到回应，每周都会给他的助理打电话、写信。最终，我抓住了机会：他换了一个新助理，我至今仍然记得这位新助理的名字——琼·阿伯拉罕森（Joan Abrahamson）。

琼刚刚接手工作，她没有理由因为厌烦而拒绝我想与她的老板见面的强烈请求。于是，我继续打电话、写信，直到琼告诉我，索尔克在比弗利山庄酒店（Beverly Hills Hotel）结束演讲之后，我可以与他进行短暂会面，但时间不会太久。

我兴奋极了，开始担心自己会错过机会：我可能会迟到、迷路或者找不到房间。因此，我提前两个小时抵达了酒店。经过漫长的等待，我终于在酒店的大厅里看到了我儿时的偶像。我朝他走去，每前进一步，我内心的恐慌就上升一些，我离他越来越近了，直到最终与他面对面站着。接着，正当我准备与他握手时，我突然开始呕吐，几乎昏倒。

索尔克医生弯下腰来，看能否帮上什么忙，毕竟他是一名医生。他抱着我的后脑勺，示意服务员拿来一杯橙汁给我喝，以稳定我的血糖。他可是攻克了脊髓灰质炎的了不起的人物，可在那一刻，他像一名普通医生一样看着我的眼睛，而当时已经神志恍惚的我勉强回看了他。从那以后，我们就成了朋友，并一直保持这样的关系直到他去世。

讲述这个故事时，我确保自己的眼神一直停留在盖茨的身上。我不禁注意到，他中途根本没有低头去看手机。

第九章
仔细聆听

要做一个善于辞令的人，只有一种办法，

就是学会听别人说话。

——威廉·莫里斯

我约了老朋友吉米·约维内共进午餐。我们俩已经认识很多年了，实际上，我们一起制作了电影《8英里》。吉米与德瑞博士一起创办了Beats耳机品牌，但是他职业生涯的真正起步，还要从成为约翰·列侬（John Lennon）的录音师算起。在那之后，他接着创办了新视镜唱片公司（Interscope Records），并签约了U2乐队、图派克（Tupac）、Lady Gaga、格温·史蒂芬妮（Gwen Stefani）、埃米纳姆、50美分（50 Cent）及许多其他的唱片艺术家。吉米是音乐界的偶像级人物，能够与文化产生紧密的联系，并且似乎对任何事都有鲜明而独到的见解。我和他关系很好，因此只要一有时间，我们就会聚在一起，我们之间的谈话总是既生动又有趣。

　　有一天，我们计划去帕尔姆餐厅（The Palm）用餐。这是一家位于比弗利山庄的适合举办商业午宴的餐厅，餐厅老板布鲁斯·博齐（Bruce Bozzi）是我的朋友。我们决定邀请马克·沃尔伯格（Mark Wahlberg）一起共进午餐。我和马克也认识很长时间了，作为演员，他第一次出演电影主角就是在我制作的电影《致命的危机》（*Fear*）里，他的歌手生涯起步于吉米的新视镜唱片公司，因此我们相互认识，这个下午过得很愉快。

当天早晨，我正在餐桌旁吃早餐，电话突然响了，是大卫·格芬（David Geffen）打来的。大卫是一个传奇人物，在音乐、电影和百老汇等艺术领域都取得了空前的成功。

大卫问道："布莱恩，你在忙什么呢？中午有空一起吃饭吗？"

在这几个熟人当中，我与大卫认识的时间最长——超过40年。在我和朗·霍华德一起制作我们的第一部电影《夜迷情》的时候，大卫给了我强有力的支持：在拥挤的放映厅里，他站起身来，当着华纳兄弟影片公司整个主管团队和两名董事会成员的面直言他喜欢这部电影。他的这个举动给我的电影和我早期的职业生涯带来了巨大的推动力。

我回答道："我打算和吉米还有马克·沃尔伯格一起吃午饭，你想过来吗？"大卫和吉米也是亲密好友。

大卫回复道："当然，那太棒了。"

几分钟后，我收到了吉米发来的短信。

波诺（Bono）[13]也要来。

---

[13] 波诺指保罗·大卫·休森（Paul David Hewson），爱尔兰老牌摇滚乐队 U2 的主唱兼旋律吉他手。——译者注

与其他参加午宴的人不同，我和波诺并不熟悉。因此，一想到有机会和他相处一会儿，我就兴奋不已。

下午一点钟，我和大卫、吉米率先抵达帕尔姆餐厅。我们坐在一个舒适的小包间里，实际上，那是我最喜欢的一个包间。接着，马克和波诺也来了，和我们挤坐在一起。

按照设计，这个小包间只能容下4个人，因此，我们紧紧地挤在了一起，我们的腿甚至会互相碰到。与那种人人都能分开坐的大餐桌相比，这种小包间立即就让参加聚会的人变得更加亲密起来。小包间的设计有利于沟通和建立连接，我喜欢这种氛围。

在通常情况下，当我与真正有趣的人共度时光时，我会迫使自己与对方互动。这是我进行"好奇心交谈"时的习惯——不仅能倾听对方讲话，还可以马上用故事或者信息作出回应。当天，我决定采取不同的方法。我不像往常那样一股脑儿地与人交谈，而是将全部注意力都集中在对方身上。我并不是故意保持沉默，但我也不觉得对方每讲一个故事，我就必须回赠一个故事。

我对波诺的谈话内容尤其感兴趣。毕竟，他可是世界上最有才华的摇滚明星之一。此外，他还是一名热心肠的慈善家，他的慈善工作帮助了数百万生活在极端贫困中的穷人及艾滋病患者。我有太多的问题想要问他了：你对世界有何独特的看法？对你而言最有意义的事情是什么？你目前最想做的事情又是什么？但我不想打断他的思维，因此，我只问了几个问题，集中注意力，通过眼神传达内心想要了解更多故事的渴望。

尽管我对波诺在非洲以及全球其他地方的工作有所了解，但是当面听他讲述，让我对这项工作的宏伟目标有了全新的更深层次的理解。我想，这个家伙的目标是如此高远，他希望与这些国家的政府开展更高层次的合作，帮助人们脱贫，以及减轻艾滋病的危害。他的故事给我留下了深刻的印象，让我深受感动和鼓舞。

我在拍电影以及与非营利机构合作期间，一直从事有目的性的工作。但是，在听完波诺的讲述后，我内心冒出了各种不同的新想法，思考自己应该如何运用自己的地位、才能和资源为这个世界带来积极的改变。事实上，那次午宴上的谈话内容，就是激发我启动最新项目——一个名为"想象冲击"（Imagine Impact）的全球内容孵化器——的重要因素之一。

"想象冲击"的运行模式是，让全球成千上万的作家申请加入某种形式的训练营。它模仿的是硅谷著名的创业孵化器Y Combinator。Y Combinator曾对多宝箱（Dropbox）、爱彼迎（Airbnb）、红迪网（Reddit）、DoorDash（知名外卖送餐服务平台）

等公司进行过种子投资。从"想象冲击"这个项目中挑选出来的大约25个人会得到行业内最聪明、最杰出的创业者的辅导。一旦他们的项目顺利完成,那么他们就有机会将项目推销给好莱坞的买主。戈德温·贾邦维(Godwin Jabangwe)来自津巴布韦,是一名才华横溢的作家,当初他的银行账户里只剩下12美元的存款。他被选拔为"想象冲击"的第一期营员,向外界推销自己创作的家庭冒险动画音乐剧《通加》(*Tunga*),结果4家公司为此展开了竞标大战。最终,奈飞(Netflix)公司以35万美元成功夺标。这部音乐剧的创作灵感来源于津巴布韦的绍纳(Shona)文化的神话,戈德温从小就受绍纳文化的熏陶。该剧讲述的是一位名叫"通加"的非洲年轻女孩的故事。父亲去世后,通加必须冒险前往一座神秘的失落之城,那里的宗教长老教会她如何求雨,让自己的村庄避免遭受严重的旱灾侵袭。[17] "想象冲击"不仅给戈德温这样的作家提供机会,让他们能够在这个众所周知难以进入的行业里开启职业生涯,也让全球的听众有机会听到他们有可能会错过的重要的新声音。

那天早上醒来,我想到的只是当天要参加一场轻松的午宴,并未预料到它会将我带到什么地方,会激发我内心怎样的想法。

有时候,我们需要平等地参与对话才能建立有意义的连接,但现实并非总是如此。想要与另外一个人建立连接，倾听的力量不亚于交谈。当我们与某个人交谈时，我们往往需要花费更多的时间去思考自己要说什么，而不是关注对方说了什么。斯蒂芬·科维（Stephen Covey）曾说过："对大多数人而言，倾听的目的不是理解对方，而是回应对方。"[18]当人们在说话时，如果对方耐心倾听，自身就会感觉受到重视，这样才能培养起信任和尊重。作为回报，当你全心全意地专心听讲，表示自己还想要听更多的内容时，对方往往会给你讲更多的内容。尤其是当你没有为谈话做准备，或者想要和与你知识体系不同的人交谈的时候，这种方法更加奏效。当我们真正愿意投入注意力时，我们就会变得更加有智慧、更加博学。好的倾听者总是会创造机会去理解他人的观点，拓展自己的视野。更不用说，这会让人变得与众不同，毕竟，好的倾听者并不多见。

2004年，我和朗·霍华德买下了《达·芬奇密码》（*The Da Vinci Code*）这部小说的电影版权。大概在那个时候，我带着女儿塞奇（Sage）去看普林斯（Prince）的演出。普林斯当时在曼哈顿下城一个名为"黑色俱乐部"（Club Black，如今已经关闭）的地方举办一场小型的私人演出。我想我和女儿一起去见他可能会很有意思。在此之前，我和普林斯只有过一面之缘，我甚至怀疑他是否知道我是谁，更别提记得我了。

我和塞奇过了安检后，排队进入俱乐部。普林斯站在门口接待观众。排在我们后面的还有不少社会名流，我几乎可以肯定普林斯认识他们，我猜他会和他们谈话。我预计我们父女俩只会匆匆地和他打声招呼就进场，但出乎我意料的是，他居然真的记得我。

他对我说："你好，布莱恩，很高兴见到你。"

我想，在那个时刻，任何一位父亲都会感到十分自豪，我也不例外。我想让塞奇记住这一刻，还有什么能比这个场景更让人印象深刻呢？我要吸引普林斯的注意力，将这一刻延长一些，因此，我注视着他的眼睛。这招果然有用。

他问道："你最近在忙什么呢？"

我告诉他，我最近刚买下《达·芬奇密码》的电影版权。为什么不告诉他呢？那可是一本非常有名的书，是一本超级畅销的书。

他说："真的吗？天啊，真棒，我很喜欢《达·芬奇密码》这本书！"

当时我可能没想起来，又或者我之前根本不知道，普林斯是出了名的虔诚信徒。实际上，他是一名坚定的耶和华见证会成员（Jehovah's Witness）。《达·芬奇密码》里充满了各种关于宗教历史的"另类"理论，例如法国的墨洛温（Merovingian）⑭国王以及耶稣和抹大拉的马利亚的婚姻关系。在购买版权之前，我读过这本书，因此对这些理论略知一二，但是我并没有深入地研究过它们。而普林斯则恰好相反，他似乎对这些理论了如指掌。

他问我："你读过《圣殿骑士启示录》（*The Templar Revelation*）或者《拿着雪花石膏罐的女人》（*The Woman with the Alabaster Jar*）吗？"

我读过这两本书吗？我连它们的名字都没有听过。我感觉自己就像一名高中生，因为复习准备不足，被测验题给难住了。我不想出丑，但也不打算撒谎。

我坦白承认道："我没有读过。"

我想，我让这段对话保持的时间越长，我女儿的记忆就会越深刻。因此，当下我能给予普林斯的唯一一样东西就是我的注意力。

我双眼注视着他的眼睛，对他说："请给我讲一下这两本书的内容吧。"

我对皮埃尔·普朗塔尔（Pierre Plantard，法国籍地图测绘员，他提出的有关墨洛温王朝的理论已经被证明是错误的）以及

⑭ 墨洛温王朝，法兰克王国的第一个王朝。它存在于481—751年的西欧，疆域相当于当代的大部分法国与德国西部地区。——译者注

普林斯侃侃而谈的其他任何话题都一无所知。然而，我可以保持住这种连接。我只是用眼神交流，再加上零星几句附和的话，比如"真棒""请再给我讲讲"，就能让普林斯继续跟我交谈下去，说个不停。我可以感受到我身后的人们已经开始不耐烦了，但我毫不在乎。我和塞奇至今仍然会谈起那个史诗般的夜晚，一位伟大的艺术家花了将近10分钟的时间和我们谈论各种阴谋理论。

第十章
保持眼神专注

清空你的思想。如水一般，无形无式。将水倒入杯中，水就

变成杯子的形状；将水倒入瓶子中，水就变成瓶子的形状；将

水倒入茶壶中，水就变成茶壶的形状。水既可以静静流淌，

也可以猛烈冲击。变得和水一样吧，我的朋友！

——李小龙

或许你信誓旦旦要专心开车,不再发短信,可是仍然忍不住发最后一条,结果突然转向,差点撞上另外一辆车;或许你因为躲在角落里玩游戏,没有积极参与和朋友的聚会而错过了一段新的浪漫缘分;又或许你有过这样尴尬的经历:开会期间,你满脑子想的都是周末的诸多计划,却突然被要求回答一个重要的问题。如果你曾有过上述的任何经历,那么我希望你能迅速振作起来。我在这里想要表达的意思是,我们在分心的时候,很容易出现差错、意外,或者错失机会。就交流而言,如果不在意周围的人,或者与我们面对面的人,那么我们就很有可能错过关键信息、误解他人的意图、失去获得或者维持信任与尊重的机会。

如果我们想要开展有意义的交流,就必须保持警惕,集中全部注意力。对我而言,眼神交流是关键。专注于眼神交流时,我就不大可能会走神。如果一场谈话变得平淡无奇——这种情况确实会发生,比如我的脑海里开始想念Jon and Vinny's餐厅的芝麻菜比萨时——我会将眼神重新聚焦在谈话对象上,集中注意力,回到现实中。

古罗马皇帝马可·奥勒留（Marcus Aurelius）有时候也被称为"帝王哲学家"，他因为善于集中注意力、不容易分心而闻名于世。奥勒留建议，集中注意力最好的办法就是把你手头上的任务想象成是你做的最后一件事。没有人想让自己生前的最后一次行动草草收场或者毫无意义。奥勒留还认为，一句简单的口头禅就能让人集中注意力，因此，你需要为自己找到一个口头禅。无论你的口头禅是什么，当你在与其他人会面之前、演讲之前，或者在一个重大的项目开始之前，自己说出这句口头禅将帮助你集中注意力，避免分心。

在一场对话中，我们只有认真地观察一个人的眼神、表情和身体语言才能获取源源不断的"信息流"，即言语之外的信息。因此，当我全心全意注意某个人时，我能收集到各种类型的"数据"，而在其他状况下，我可能无法办到。看着对方的眼睛时，我能更好地感受他们的情绪状态。我可以分辨出来，他们的眼睛发光表示他们对我提出的问题感到兴奋，或者对我所说的话很感兴趣。如果他们开始转移视线，这就意味着他们对谈话的内容感到不自在，或者失去了兴趣。所有的这些线索都能帮助我指引谈话内容，并建立连接。

不管是与陌生人交流，还是与认识的人交谈，当我完全理解对方时，一旦机会来临，我就更有可能识别并抓住机会。同样的，我对面前的人越是保持专注，当话题开始朝非预期的方向转移，或者我们之间形成的连接的性质开始发生改变时，我就越能够对此迅速做出反应并答复对方，这种情况出现的频率比你想象的要高得多。比如，在吃早餐时，你的同伴向你倾诉自己最近一直感情不顺，又或者在一次普通的会议上，一位你不太熟悉的同事告诉你，你一直是他信任的导师。

下面我要介绍一个我至今记忆犹新的场景。

《国王迷》(*The Man Who Would Be King*) 是约翰·休斯顿 (John Huston) 根据拉迪亚德·吉普林 (Rudyard Kipling) 所撰写的离奇冒险故事改编而成的一部电影，看完这部电影后，我对高度隐秘的共济会产生了浓厚的兴趣。据称，共济会的成员都是掌控整个世界的管理精英，而电影中的三个主角——克里斯托弗·普卢默 (Christopher Plummer) 饰演的吉普林 (Kipling)、迈克尔·凯恩 (Michael Caine) 饰演的冒险伙伴，以及肖恩·康纳利 (Sean Connery) 饰演的丹尼尔·德拉沃 (Daniel Dravot) 都是这个神秘的兄弟会组织的成员。[19]因此，我想要做深入了解。

共济会内部存在不同的等级和秩序，最高等级被称作"苏格兰礼33度"[20]。我渴望与一对父子——他们是美国西部共济会组织的首领——见面，进行一场"好奇心交谈"。我费尽周折，不停地给他们的办公室写信、打电话，他们最终才同意与我会面。

到了约定的会面日期，两名年长、威严但相貌平平的绅士来到了我的办公室。其中我认为是父亲的男子80来岁，他的儿子看样子接近60岁。他们说话带有浓重的立陶宛口音。他们身穿格子西装，打着领带，一副第二次世界大战前的高雅装扮。这两人都很温和、谦逊，要是在大街上碰见他们，我可能会将他们误认为珠宝商，或者来自盛产钻石的地区的商人。

我之前料想，这两名客人可能会对我持怀疑态度，时刻保持警惕。毕竟，他们可是秘密社团的会员！但让我感到惊讶的是，情况和我想象的完全不同。他们和我意气相投，看起来十分自在。当时，如果让我猜测原因，我想可能是他们在对我进行彻底审视后，认为我会分享一些有价值的东西，退一万步讲，我对他们肯定不会造成威胁。

我们三人坐在我办公室里的沙发上，开始交谈。我很荣幸能够跟他们交谈，并且做好了准备，认真倾听他们愿意分享的内容。这位父亲自豪地解释道："共济会（Freemasonry，或称"Masonry"）是世界上成立时间最早、规模最大的兄弟会，它建立在人人都可以让世界变得与众不同的信念基础之上。时至今日，共济会成员（几乎）全部是男性，其表面目标是让好人变得更好。[21]"他接着解释道，"人生不只有享乐或金钱，共济会成员力求遵循荣耀、正直和博爱等价值观。"我对此感到好奇，问他共济会是如何成立的。

他的儿子开始插话说道："共济会的历史可以追溯至700年前，起源于中世纪的石匠工会。[22]共济会在美国建国初期具有重要地位，革命家亚历山大·汉密尔顿（Alexander Hamilton）和保罗·里维尔（Paul Revere）都曾是共济会成员，乔治·华盛顿（George Washington）和安德鲁·杰克逊（Andrew Jackson）两位前美国总统也不例外。事实上，至少有14位美国总统曾是共济会成员，包括哈里·杜鲁门（Harry Truman）和杰拉尔德·福特（Gerald Ford）。"[23]这令我大吃一惊。我在大学里从来没有加入过任何兄弟会，但这些历史上的杰出人物居然献身于一套共同的理念和行为准则，而这套理念和行为准则太过神秘以至于大多数人甚至根本不知道它的存在，这实在令我着迷。时间过得很快，这对父子回答了我很多问题，有时候回答得极其详细，当然也有时候回答得不够透彻（他们并没有毫无保留地将一切都说出来）。

整整1个小时后，那位父亲转头问我："布莱恩，你会考虑加入我们，成为共济会的一员吗？"在这一刻，这场以"好奇心交谈"为开端的会面开始变得与众不同，变成了一项请求。我睁大双眼，无比惊讶，就像是刚刚得到了出乎意料的赞美一样。我不必用言语来回应，因为我的眼神和我稍微倾斜的头部都表明我已经婉拒了对方的提议。

他继续说道："好吧，我们之前谈论过你，感觉你是一个不错的成员候选人。我们只有一个问题想要问你。"

我回答道："什么问题？"尽管我想竭力保持镇定，但内心却无比兴奋。我不敢相信，他们居然想让我加入他们这个秘密社团。

"我们想知道，你会不会背叛我们？"

我有些震惊，这是一个很有分量的问题，有其历史根源。共济会的入会流程包含"严厉盘问"（是的，这就是"the third degree"这个词组的来源）[24]环节是有原因的。共济会成员对背叛行为并不陌生，一直深受众多阴谋论荼毒。他们一直是纳粹党的直接攻击目标。[25]据估计，第二次世界大战期间，大约有8万~20万共济会成员在大屠杀中被杀害[26]。

我立即意识到他们的谈话语气发生了转变。在此之前，我们的谈话氛围轻松自在，现在气氛变得庄严，我需要做出更为慎重的回答。当共济会成员问我会不会背叛他们的时候，他们并不是轻描淡写，也不是走过场。对他们而言，我的答案绝对是一件重要的事，而且我的答案必须百分之百地真诚。

我的大脑光速运转。我想知道到底什么是背叛，而自己是否可以背叛他们？我确信自己永远不会公开破坏他们的信任，但共济会有十分严格的行为标准，他们需要维护自己的精英声誉[27]，假如我无意中搞砸了怎么办？我想，我做的一些事情可能会违反他们的行为准则。毕竟，我是一个相当率性的人，时不时地会来点小幽默，还喜欢丰富的物质享受。

思考的时候，我瞄了他俩一眼。我能从他们的眼神中看到信任和仁慈。通过之前1个小时对他们的了解，我感觉他们颇具绅士风度。他们将全部注意力都集中在我身上，在整个交谈过程中都十分专注地看着我。此外，他们还是无可挑剔的倾听者，对我的作品中反复出现的有关人类勇气和赋权的主题表示赞赏。简而言之，他们给了我最高的敬意。我想要作出回应，尊重我们之间已经建立的连接。共济会通常十分排外，他们邀请我加入，我十分动心也深感荣幸。但即便如此，我也知道自己不得不如实告知，因为在内心深处，我对共济会的兴趣（或者说是我更宏伟的目标）与他们更宏伟的目标并不完全一致。

我回答道："很抱歉，我做不到。"

那位父亲惊讶地看着我，我的决定明显让他大吃一惊。儿子也同样露出惊讶的表情，他看了看父亲，想知道自己应该如何回应。对我而言，这一刻并不自在，但我内心深处知道，这是正确的回答。

与人面对面进行交流时，如果你足够真诚，积极倾听，保持专注，那么你们之间就会达成一种"契约"。通过邀请我加入他们，共济会提升了契约的层次，改变了谈话的本质——至少对我来说是这样的。我与他们会面，只是想深入了解他们和他们所在的组织。另外，共济会成员选择前来会面，是因为他们有兴趣与政治、教育、工业、科技、艺术等各个领域的重要人物建立连接。他们可以借此机会试探别人，甚至有可能招募一位新成员。

如果之前没有注意，我可能就会误解他们发出邀请这件事的严肃性，对具有重大后果的事情做出轻率的决定。然而，我从一开始就保持专注，不仅认真倾听他们的话语，还领会了言语之外的暗示，因此，我能感受到真实的氛围，并相应地做出调整。

事后看来，共济会成员提出的一些问题，可能为后续谈话方向的发展提供了线索。例如，现在我知道，"布莱恩，你相信上帝吗？"这个问题就是在评估我是否符合他们的规范要求。然而，重要的是，我最终的决策是对的。直到如今，我仍然无从得知，假如我加入了共济会（我怀疑他们会对我的电影《达·芬奇密码》提出异议，因为这部电影让阴谋论重新回到了大众视野中）会是怎样一番境况，但我明白我从不后悔自己当初谢绝了对方的邀请。

第十一章
好奇心交谈

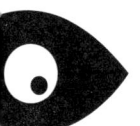

一个没有犯过错的人，

一定是一个不愿意尝试新鲜事物的人。

——阿尔伯特·爱因斯坦

一直以来，我都十分努力地与人建立连接，理解连接建立过程中的线索。然而，尽管一直以来努力诠释连接，对人们的暗示保持警惕，但我仍然会碰到一些小意外，这也提醒我自己要不断学习。想要某件事发生时，我们都可能会有意无意地排除任何指向不利结论的信号。几年前，我就碰到过这种情况。

我是在冷战期间长大的。童年时期，我认为苏联人是我们的敌人，是美国核心民主价值观的敌对势力。我担心他们会从"铁幕"后面冲出来，破坏我们的生活方式。苏联政权结构特殊，没有独立的媒体，因此我对苏联的实际了解仅限于电影里的内容。作为在20世纪50年代末60年代初成长起来的小男孩，我再也想不出比苏联更不友好的国家了，前往苏联的想法看起来就和登月一样不可能实现——实际上，比登月更不可能。

也许和大多数人一样，我只是对那些被禁止的、危险的事物感兴趣。随着我年纪渐长，我对前往苏联这件事的兴趣越发浓厚。然而，直到最近我才有了机会前往俄罗斯。

自从弗拉基米尔·普京（Vladimir Putin）首次当选俄罗斯总

统后，我就想与他进行一场"好奇心交谈"。诚然，普京是世界上最令人胆寒的领导人之一，具有巨大的权势和影响力（也许这种说法显得有些委婉），是前克格勃官员，也是当今俄罗斯和冷战时期苏联的代表性人物，这些都深深地吸引着我。这并不代表我赞同他的方法和策略，或者任何信念。我通常也按照计划与和我观点和价值观并不总是相同的人谈话。我曾与卡特尔（同业联盟）和极道（起源于日本的跨国犯罪组织）的成员会面，还曾与菲德尔·卡斯特罗（Fidel Castro，古巴革命领袖）及达里尔·盖茨（Daryl Gates）会面——盖茨在洛杉矶暴动期间担任洛杉矶警察局局长。并不是每个人都像乔纳斯·索尔克那样，我的目标是拓宽视野，拓展看待世界的方式，即使这样做会让我感到不自在。

但是，如何策划一场和弗拉基米尔·普京这类人物的会面呢？我总不能拿起电话就向对方邀约吧！和他见上一面似乎是不现实的，因此我从未真正努力地去追寻过，尽管当别人问我最想和谁进行"好奇心交谈"时，我总会回答"普京"。很明显，我的这一回答被人们口口相传。

几年前，我的公司里有一位名叫斯科特（Scott）的聪明员工。他的父亲史蒂夫（Steve）从事影视担保行业，所谓"影视担保"就是确保一部电影得以完成拍摄，它是一种名为"完片担保"

的保险。史蒂夫所在的公司的影视担保业务覆盖了几乎所有你能想到的地方。因此，他们广泛的关系网络遍布全球。斯科特的父亲已经在这个行业干了几十年了。斯科特在和我共事期间曾与我交谈过，得知我想见普京，于是，他从想象娱乐电影公司辞职几个月后，给我打了个电话。

他在电话里说："普京的团队联系了我父亲的生意伙伴，表示普京有兴趣与你见面，愿意谈一谈。"这听起来很可疑。普京当时身为俄罗斯总统，居然会主动要求与我谈话，这似乎极不可能。

"真的吗？"我内心充满疑虑，因为斯科特以前总是想要取悦我。但是，我内心又对这件事感到兴奋不已，试图将它合理化。我心想：我不再是他的老板了，因此他并没有什么真正的动机来奉承我。我问道："怎么会这样呢？你是怎么听说的？请告诉我具体的细节。"

他说："这是我父亲告诉我的。他向自己的商业伙伴提起过你想面见普京，而这名商业伙伴恰好是一名俄罗斯寡头。对方回话说，普京实际上也想见你。"

嗯……

这听起来就像是一场电话游戏。谁知道普京到底听说过什么传闻呢（假如他确实听到过什么传闻），更别提他到底说过什么了。在小学课堂上，这种"传话"很容易引起误解。请想象一下，在洛杉矶和莫斯科之间来回传话，内容可能会发生多大的曲解。可是，我仍然决定调查一番，想看看这份邀请是否有价值。

我碰巧还有一位制片人朋友，他的家族同样与俄罗斯一些有影响力的人物有关系。他聪明、细心、可靠，对这类事情很有经验。于是，我给他打电话，请他帮忙核实此事。没过多久，他就给我回电话了。

他说："是真的，确有此事。"

我问道："什么叫'确有此事'？"

"我的意思是，我查看了一些邮件，并调查了相关的人。"在通常情况下，当有人对复杂的问题做出不假思索的回复时，我都会迅速询问。然而这次，我压制住这一本能，寄希望于这次邀请是真的存在的。

我说："好吧，我想看看那些邮件，再听听你的发现。"

我想知道这些邮件是不是真实的，果然，它们看起来很真实。我的另外一位俄罗斯朋友确认这些邮件确实来自政府部门的办公地址，其中包含一份已经得到批准的会面邀请。好吧，我想，我终于要去俄罗斯了。

斯科特说:"我想和你一起去俄罗斯。"鉴于是他带给我这次机会,我便同意了。无论我想要带谁或者什么东西去俄罗斯,俄罗斯方面都已经同意为我支付一切费用,因此,让他和我一起去并不是什么难事。最后,和我一同前往俄罗斯的有好几个人,其中包括:斯科特、史蒂夫、维罗妮卡。

　　仅仅过了几周,我们一行人就来到了洛杉矶国际机场内的汉莎航空公司的头等舱休息室。在那里,有一位身材高大、十分严肃的俄罗斯人与我们见面(可惜我一直不知道他叫什么名字)。他的头发是我有史以来见过的最黑的头发,看起来像是用黑墨水染过似的。另外还有一位名叫亨廷顿(Huntington)的美国壮汉。这两人都是专业的美国电影投资人,并且在某种程度上与史蒂夫有关系。但是,我不理解他们为何要和我们一起前往俄罗斯。我的确注意到那名黑发俄罗斯人自从与我们在候机厅见面开始,就一直大汗淋漓。他半个小时里一直坐着,可是上唇却布满了汗珠,这让我觉得十分奇怪。在通常情况下,当我与某人一起做重要的事情时,例如有人陪我去俄罗斯,如果对方莫名其妙地流汗,我便有一种不好的预感。这是我观察到的一个加深我内心不确定感的现象,我认为自己可能会得到一些预期之外的东西,但我选择对此视而不见。

整个航程十分舒适，中途无停顿。一降落在莫斯科，我们就被迅速带离海关处——我们几乎不需要出示护照——接着被带进一辆劳斯莱斯里。他们带领我们来到阿拉拉特柏悦（Ararat Park Hyatt）酒店〔他们原本说要安排我们住在丽思卡尔顿（Ritz-Carlton）酒店，我并没有特别多疑，但是这也是我观察到的一个现象〕，然后全程陪同我们出行。那是星期天的晚上，我们被带到某间豪华的顶层房间———家雅致的俄罗斯餐厅——品尝鱼子酱和香槟。第二天中午，一直负责和东道主协调的史蒂夫表示，我们将要与普京的新闻秘书德米特里·佩斯科夫（Dmitry Peskov）会面。星期二下午三点，我们将与普京本人见面。

听起来一切都很顺利，只是不知何故，我仍然不知道普京为何要邀请我与他会面。不过话说回来，还没有哪个国家领导或元首谢绝过我的"好奇心交谈"。我告诉自己，普京可能听说过我与世界各国领导人的谈话，因此也想与我进行一场类似的谈话。

我们在餐厅享用了鱼子酱和香槟，但奇怪的是，鱼子酱的分量比我预想的要小（我不知道自己为何会介意这一点，我想我也许能够感知到哪怕是最微小的差异。我们的口译员之前言之凿凿地表示我们会有吃不完的鱼子酱，这和真实情况有细微差别）。在我看来，他们在已经安排我来莫斯科后，还试图用鱼子酱诱惑我，这一做法看起来有些奇怪，但是我告诉自己，不要去想这件事。我们现在可是在莫斯科，将要参加一次隆重的会面。

星期一早晨，我们醒来后发现，在酒店里迎接我们的是另外一群俄罗斯人。其中一人头发十分有光泽、肌肉发达，全身上下都是黑色打扮：黑色皮革裤、黑色皮夹克和黑色摩托车皮靴。他看起来和《这个杀手不太冷》（*Léon: The Professional*）里的让·雷诺（Jean Reno）有几分相似，阴郁而严肃。

"布莱恩，这是谢尔盖（Sergey），过来打声招呼。"

于是我过去和他打招呼，他没有说话，只是上下仔细打量了我一番，和我握了握手，然后转身离开。

"这个人是谁？"我问斯科特的父亲。

"他是普京的好友。"

"普京的好友？"

"他教普京武术，只是想来看看你。"

我心想，嗯，这可不寻常。接着我又说服自己，我之前确实拍过一部叫《千谎百计》（*Lie to Me*）的电视剧，内容讲的是一位世界知名的相面学者能根据人的脸部特征判断某个人是否在撒谎。那么，我该如何判断呢？当然，普京这样的大人物想让自己信任的人事先检查我一番，也不无道理。

于是，我们前往克里姆林宫去见佩斯科夫，那里离我们下榻的酒店不远。我们到了之后被告知，我们当中只有几个人能够参加会面。那天早上现身的那几个俄罗斯人都离开了。这样好极了，这可不是一次大范围的会面，况且我也不认识那些人。我、斯科特、斯科特的父亲，以及我们在洛杉矶国际机场见到的两位——亨廷顿及那位一直冒汗的俄罗斯人获准与佩斯科夫见面。

克里姆林宫是一个非常令人紧张的地方可能只是保守的说法（毕竟，从词源学来看，"克里姆林"这个词就是"城堡"的意思）。如果曾去过白宫，你就会知道，那是一个十分讲究仪式感的地方，能够激发起人内心中某种带有敬意的克制，但是并不令人紧张——反正和克里姆林宫不一样。克里姆林宫给人的那种感觉就像是置身于20世纪70年代的谍战影片里，让人想起《秃鹰七十二小时》（*Three Days of the Condor*）之类的电影。

我们被领着穿过一条长长的走廊，走廊上的人个个面色冰冷。一名其貌不扬的助理将我们带进一间狭小简陋的候客室。房间的角落里只有一张小桌子，椅子的数量不够所有人落座，于是，我们当中的一些人坐着，另外一些人只好站着等待。佩斯科夫迟到了，我们内心的不安突然激增，没有一个人说话，我们都在紧张地四处张望着，假装一切正常。房间里太安静了，我想我几乎可以听到手表指针发出的嘀嗒声。在我们等候的时候，亨廷顿和那名俄罗斯人似乎格外紧张。整整10分钟过后，我们被带到佩斯科夫的办公室。助理示意我们在会议桌周围就座，将主位留给了她的上司。

我试着留意身边的一切。我的一位朋友曾见过佩斯科夫，称佩斯科夫挺好相处的。他说过"我很喜欢佩斯科夫，他是个好人"。我坐在那里，让自己相信普京的新闻秘书可能很容易接近。最终，他走了进来，可他……和我认知中的"热情"并不沾边。

"佩斯科夫先生，"我说。就像往常与人会面那样，我试图接近他，创造一种更加轻松舒适的氛围。"我的好朋友（我说了我朋友的名字）想让我和你打声招呼。"

佩斯科夫一脸茫然地看着我，点了点头，脸上毫无表情。他坐下，双手交叉合拢放在身前。他就和人们想象的弗拉基米尔·普京的左膀右臂一样：不耐烦、一脸冷漠。终于，他开始切入正题。

"你来这里想要什么？"他严厉的嗓音好似一把刀，划开空气里的紧张气氛。

我回答道："我并没有想要任何东西，我以为会面内容是由您来安排的。"

我没有再继续说下去。我想让房间里的其他人——那些真正帮助组织了这次会面的人——来发言，也许他们能解释我们为何来到这里，以及为何佩斯科夫事先并不知情。

"我们来这里，是因为布莱恩热爱俄罗斯。"那位爱流汗的、身形高大、上唇布满汗珠、留有一头乌黑头发的俄罗斯人回答道，"他想要拍摄一部关于俄罗斯总统的电影。他制作的《美丽心灵》歌颂了数学家约翰·纳什取得的成就，他想要为俄罗斯拍摄一部类似的影片。他认为，在过去的20年里，西方国家的人们对他深爱的俄罗斯的国情存在误解，他还认为，美国政府就是个傀儡政权。"

我盯着他，他说的没有一句实话（除了关于《美丽心灵》的那部分——我的确制作了这部电影，但其余的每一个字都是十足的谎话）。这不仅仅是"不真实"的问题——从一开始，我就对每个人明确说过我此行的目的。

房间里的其他人似乎没有意识到正在发生什么事。我看了看我的旅行同伴，他们似乎都愿意接受这套说辞。于是，我转头面向佩斯科夫，决定告诉他我来这里的真正目的。

我伸手抓住那位爱冒汗的俄罗斯人的手腕，但是我的眼睛停留在佩斯科夫的身上。我用坚定的语气说道："抱歉，刚才他说的那些绝对不是真话，我并不想拍摄一部关于普京或者俄罗斯的电影，首先声明一点，我并不拍摄关于当代政治题材的电影，我甚至不认识这个讲话的人！"

佩斯科夫看向我，我终于发现，他知道那个俄罗斯人刚才是在胡说八道，而我说的是实话。很明显，这次会面的理由是胡乱编造的。

我再次说道："我很抱歉，我来这里只是想见普京，并和他进行一次事先并无准备的谈话，我从前和贝拉克•奥巴马、罗纳德•里根、菲德尔•卡斯特罗还有玛格丽特•撒切尔都曾进行过这样的谈话。"

他摇了摇头，表示不可能，我根本没机会和普京谈话。

我继续说道："这样，我们最好就此打住。再继续谈下去，我也不可能见到普京。"

他回答道："是的，绝对是这样的。"

谈话接近尾声，可令我惊讶甚至目瞪口呆的是，房间里的其他人似乎都认为，这次会面取得了巨大的成功。"这是一次多么棒的会面啊！"他们互相说道。其中一人，也就是那个之前上唇冒汗的俄罗斯人，突然说道："布莱恩，你们俩一起照张合影怎么样？"

我心想:不可能。我只想尽快离开这个地方。我瞥了佩斯科夫一眼,他也对这个提议不太感兴趣。

"不许拍照。"他坚定地说道。

握手告别时,佩斯科夫提醒我,如果我真的想拍摄关于俄罗斯的电影,我应该去找他。

这场会面注定令人失望。我和佩斯科夫都无法得到各自想要的东西。我想要与俄罗斯总统进行一场"好奇心交谈",而俄罗斯总统的新闻秘书则想要做好本职工作(其中大概就包括帮俄罗斯总统拒绝各种目的不明确的会面,就像我提出的会面一样)。我们的愿望完全不相容,甚至是相互排斥的。真的,再多的眼神接触和劝说也改变不了这一点。

在大部分情况下,试图建立连接的努力会带来积极的结果。但并不是每次连接都会朝我们希望的方向发展。只要足够用心,我们就能尽早注意到连接失败的迹象,避免像我这次来俄罗斯的窘况。而现实情况是,真正想要某件事发生时,我们通常会将它合理化,给自己讲故事,为任何与我们预期结果不符的事情辩护。回想起之前的每一步(我和维罗妮卡在回国的航班途中回顾了每一个细节),我意识到我确实就是这样做的——我太想要和普京坐下来进行一场"好奇心交谈"了,以至于忽略了自己"见多识广"的直觉。

这次经历会打击我寻求令人望而生畏或极具挑战性的连接的积极性吗？一点也不。当然，下次要是鱼子酱分量太少，我可不会坐视不管。

第十二章
用眼睛表达

这世间一定存在着一种超越言词的语言。假如我学会这种没有言词的语言，我就能理解这个世界。[15]

——保罗·科埃略（Paulo Coelho）

⑮　保罗·科埃略.牧羊少年奇幻之旅[M].孙成敖译.上海：上海译文出版社，2001。——译者注

多年前，我飞往中国香港出差，半夜里辗转反侧，难以入眠。这种难受的感觉一部分是由令人讨厌的时差问题导致的，但更重要的原因是，我头脑中的思绪久久不能停止。当时是1989年，我和朗创办的想象娱乐电影公司刚上市不久。公司上市之后，总是会有一些让人焦虑的事情，我的头脑忙着思考还有哪些事情亟待完成。其中一项担忧是，我们需要在洛杉矶找一间更大的办公室。公司成立2年以来，员工数量已经从最初的15人增长到135人（增长了9倍，包括多名会计、制作执行、1名首席运营官、1名首席财务官和1名商务主管）。我们当时的办公室容纳不下这么多人，我知道，再这样下去，情况只会变得越来越糟糕。

我实在睡不着，于是起床看酒店窗外的风景。远处某个被浓雾遮蔽的地方就是维多利亚港（Victoria Harbour）。就在我欣赏夜景的时候，一座雄伟的摩天大楼开始浮现出来。这座建筑物的底部和顶部模糊不清，但是中间部分却在薄雾中闪闪发光——在当时那种情况下，这个令人震撼的景色具有一定的催眠作用。早晨，我睡过几小时后，浓雾散开了，我再次看向窗外。这座建筑物和我想象的一样令人震撼。白天天气晴朗，我一眼就认出了那是建筑师贝聿铭设计的具有独特风格的建筑。我还注意到，这座建筑物完全占据了天际线。

不久之后，在酒店大厅里，我问酒店经理那是什么建筑。

他告诉我："那是中银大厦（Bank of China Tower）。"当然，如今这座建筑举世闻名，但在当时，它才刚刚建成不久，只是一座空楼。"香港人对此无不感到沮丧。这座摩天大楼在附近楼房的业主之间，特别是在风水先生之间引起了一片哗然。"

当时，"风水"这个词在美国并不多见，我不明白酒店经理说的到底是什么。

于是我问道："风水先生？他们是干什么的？"

酒店经理向我解释道，"风水先生就是商家定期雇用的顾问，他们的工作是寻找最吉利的建筑和室内设计方案：在哪里开门窗，在哪里摆放家具，才能达到和谐，哪些物件代表信任，哪些物品代表财源滚滚等。"我不知道自己是否迷信，但"风水"这个概念让我着迷，尤其是我的当务之急就是为公司寻找新的办公场所。

在之后的几天时间里，我到处向人打听风水先生的消息——香港最好、最受人尊敬的风水先生是谁？对我而言，这仅仅只是为了满足急切的好奇心，和我此次出行的业务毫不相关。我迫不及待地想要进一步了解"风水"这个陌生的概念。

功夫不负有心人，最终，我找到了自己想找的人——在风水界十分出名的两兄弟，人人争相邀请他们。作为一个西方人邀请这两兄弟来判断风水并给出相应建议是一件十分困难的事情，同时还需要讲究各种繁文缛节，我越发担心自己没法与他们见面。但是，在我旅程的最后一天，我见到了他们。

这两兄弟与我在旅馆的房间里见面，我递给他们一个信封，里面装有大笔善款，这是惯例，而他们也没有打开信封看。和往常一样，我为这次"好奇心交谈"做了最好的准备，可惜我完全不懂粤语。虽然比较幸运的是他们会说一些英语，但他们的英语水平并不高。我不得不仔细观察他们的眼神，依靠眼神与他们进行沟通。同时，在谈话的时候，我斜倚着身子，尽可能近距离地观察他们。我竭尽所能，问他们是做什么的，如何做。他们的专业知识是否仅限于确定家具和门窗的摆放位置，他们如何知道应该怎么摆放。我至今还记得，他们其中一人用磕磕巴巴但又十分地道的英语说，他们是凭借"与源头相接"来判断风水的。

在大部分时间里，我们的对话都进行得十分艰难。接着，在会面快要结束的时候，他们其中一人靠近我，拉着我的手腕，仔细观察了一会儿我的手，还有我的胳膊。另外一人也做了同样的事。

刚才最先拉起我手腕的那位风水先生问我："出现在你生命里的人当中，有没有人的名字是以Q.N.开头的？"

我想了一会儿，这是个不太常见的字母组合，但我毕竟正在经营着一家大公司，一生中遇到过许多人。我看着他，就好像能在他的眼睛里看到某个特定人物的影像。

我回答道："我不确定，但可能有吧。"

他说："你要小心，这个名字以Q.N.开头的人将会给你的生活带来巨大危险。"

我立即就相信了他，因为从他的眼神里，我能感受到这条信息的可靠性。

我对他们表示感谢，随即出发前往机场。在去机场的路上及回程飞行途中，我都在回想Q.N.以及风水先生兄弟俩的眼神里闪烁的警告和意图。

回到洛杉矶，公司里有一些令人头疼的事等着我去解决。好消息是我们已经筹到了不少资金，但是仍然没找到合适的办公场所。

令我兴奋不已的是，我一回到公司，公司的一位高级主管罗宾·巴里斯（Robin Barris）就把我拉到一旁。她说："事情有进展，是奎因（Quinn）帮的忙。他找到了一栋楼，挺不错的，可以让我们搬进去。那栋楼位于贝莱尔（Bel Air），租期是10年。"奎因是我们曾经招募过的一位帮忙找办公场所的顾问。

"在贝莱尔？"这个地方似乎相当偏僻，基本都是住宅区。洛杉矶大部分的娱乐公司，都集中在比弗利山庄威尔希尔大道（Wilshire Boulevard）附近的狭长地带或者圣莫尼卡周围。

"他是如何找到的？"

罗宾解释道，奎因（当然，他的名字立刻显眼起来。他的姓氏也的确是以"N"字母开头的）是从一位亲戚口中打听到那栋建筑的。

我问罗宾："你能再深入调查一番吗？我知道你说过那是一个挺不错的办公场所，而且10年的租期也很合理，但我们要为一栋我们并没有所有权的楼房支付一大笔钱，还是谨慎些为好，那栋楼的业主是谁？"

在她回答之前，我就应该想到的，要收取我们租金的不是别人，正是奎因本人，以及他的一位从事房地产经纪人工作的大学朋友。假如我们签订了10年的租期，那么结果就会是，我们不得不长期支付租金，而租期结束后，拥有那栋楼的所有权的人是奎因和他的朋友——我们差点就签订了这样的合同。

我对她说:"把奎因赶走,不要做任何解释,让他滚蛋就行。"

罗宾照做了。奎因离开的时候没有任何辩解。他知道自己的小伎俩被识破了。

人们总是认为这样的故事只是一个巧合。那两位风水先生兄弟对我的警告并不十分具体,而且世界上还有其他人的名字是以Q.N.开头的。因此我不打算争辩说在中国香港的那次会面有某种神圣或神秘的力量在起作用。但我的确相信,信息已经通过许许多多超越言语的方式得到了传达。

毕竟,这就是整个风水学的要旨,同时也是我与两位风水先生谈话——尽管从会话的角度来看,那次会面几乎算不上是一场"谈话"——的要旨。

我们用言语交谈,但更重要的是,我们还需要同时具备专注力和特定的意图。不这么做,谁知道对方"说"的是什么内容呢?我相信,比起那些英语水平高或者与我谈过无数次话的人,那两位风水先生更能理解我。

我经常旅行,有时候是为了工作,有时候是为了休闲。和在中国香港那次旅行一样,我对当地的语言没有多少了解(无论是口头语言,还是非口头语言,我都不会)。例如,在以色列的一次旅行中,我注意到,我们的以色列导游遇到一位朋友时,会用有力的双手拍打那个人的脸。导游捧着他朋友的脸颊上下晃动,两人都面带微笑,似乎很享受这次热闹的谈话。我向维罗妮卡不止一次地提及此事,假如有朋友这样对我,我会认为对方是在冒犯自己。

自从得知在不同的文化里存在着不同的眼神交流和身体语言沟通方式之后,每当身处异国他乡时,我对这些信息都格外小心敏感。想要与那里的人建立稳固、有意义的连接,我就不得不这样做。对我而言,建立这种连接正是旅行的意义所在。

几年前,我和维罗妮卡决定去缅甸旅行。多年以来,我的朋友、MTV全球音乐电视台联合创始人、维亚康姆集团(Viacom)前任首席执行官汤姆·弗雷斯顿(Tom Freston)一直建议我去缅甸旅行。汤姆是富有冒险精神的旅行者,他经常邀请我一起去巴格达(Baghdad)或喀布尔(Kabul)这样的地方——这些地方虽然很吸引人,但我一般不会选择去那里度假。汤姆总是对那些非热门的、风景优美的偏远地带了如指掌。因此,缅甸这个地方一直在我的脑海里挥之不去。

当时,我正在与制片人米克·贾格尔(Mick Jagger)制作《激乐人心》(*Get On Up*)这部电影。我们在密西西比州纳奇兹

（Natchez）拍摄电影的现场一起度过了很长一段休息时间。有一天我问他最想去哪里度假，毕竟，米克·贾格尔对生活还是很有一番自己的看法的。他毫不犹豫地回答道:"缅甸的茵莱湖（Inle Lake）。"好吧，既然两位经验丰富、品位高雅的旅行者都告诉我应该去这个地方，那我必须去一探究竟。身为一名冒险家，维罗妮卡〔她曾因一时兴起，攀登过乞力马扎罗山（Mount Kilimanjaro），也曾在未接受正规训练的情况下在菲律宾潜水〕，很喜欢这个想法。第二天，她就订好了旅程，一切都由当地的旅行代理商安排。因为代理商对当地的一切都如数家珍，能确保我们得到真实的体验，这一点对我们的旅行而言无比重要。

当我们降落在仰光（Yangon）时，一位名叫琪琪（Kiki）的向导迎接了我们。她50多岁，是一位很棒、很聪明的缅甸妇女。当时，缅甸的旅游业才刚开始对外开放，因此，要想参观那里并不容易。历史上，缅甸的政治局势很不稳定，各种恐怖的人权侵害、军事政权统治问题和镇压选民事件层出不穷。我们后来才知道，琪琪就是在这种动荡和恐怖的环境中长大的。她的父亲入狱多年，但她仍然看到了自己深爱的祖国美好的一面，并且作为一名向导，她也想让游客感受到缅甸的美好。

我们与琪琪开始了为期9天的旅行，旅行的终点是我们神往已久的茵莱湖。茵莱湖是世界上最美的湖泊之一，位于两座山之间的一个峡谷里。这片天然水域开阔无比，周围的美景与如玻璃一般平静的湖水相映成趣。一个个充满生机的、由木桩支撑起来的村庄星罗棋布，坐落在湖边的佛教寺庙使湖面显得金光闪闪。茵莱湖的景色令人叹为观止。我们被告知，游览湖泊最好的方式是乘坐独木舟，因此，我们特意选择了一艘当地人使用的狭窄的长尾木制独木舟。

在茵莱湖游玩的3天时间里，我们看到了农民用水牛犁稻田，村庄的村民处理日常琐事，还有当地的居民乘着将近风化的船只，从我们身边漂过，他们兜售手工雕刻的佛像、小工艺品，以及从附近的水上花园里采摘的柑橘。我们隔一阵就会停下来探访周边的小村庄，前往人声嘈杂的农贸市场，或者了解一门家庭手工业。年轻的女孩和老妇人在湖边的货摊旁用手卷制方头雪茄烟（薄雪茄），也有些老妇人在卖面条，小孩子则开心地玩起了棍棒游戏。

一名妇女带我们去参观她家的手工伞制作工坊。她向我们详细地讲解了手工制作每个部件复杂而耗时的流程。我们仔细观察到，她不超过10岁的女儿用桑树皮制作纸浆，女儿的父亲启动脚踏车床制作木柄。小女孩将花瓣放在我的双手中，让我引导这些花瓣穿过水面，在湿润的纸浆上创作出一个图案。不同的家庭成员负责制作伞的不同部件，最后再将它们组装在一起，制成五彩斑斓、图案各异、大小不一的美丽纸伞。亲眼见到他们祖祖辈辈保留下来的文化传统和手工技艺令我深受感动。

在茵莱湖的最后一晚，日落时分，我和维罗妮卡乘独木舟外出，感受这片神奇土地的静谧与空旷。我们躺下来，欣赏层层叠叠铺满整个湖面的红色的和金色的霞光。回想起我们在这里经历的一切，我的内心思绪万千。作为一个从好莱坞远道而来——在好莱坞，人们动机复杂，有时候甚至动机可疑——的人，缅甸人在交往过程中流露出的纯粹和真诚让我无比欣喜。

记得有一天早晨，我们停下来与村庄里的一个老太太交谈。她一直用友好而好奇的眼神打量着我们。通过琪琪的翻译及一些细微的言语之外的信号，我们很快了解到，原来这里的人平时看不到几个游客，而老太太被维罗妮卡的一头金发给迷住了。尽管我们素昧平生，但这位老太太还是邀请我们去她家里，和我们分享了当地传统的早餐——鱼汤米线（mohinga）。在鱼汤里加入米线（当然还有很多佐料）绝对美味，再加上主人热情好客，就更是妙不可言。在这次旅行过程中，还有很多与此类似的连接故事，但是在我们建立的所有连接当中，与琪琪的连接是最特别的。

在一周多的时间里，琪琪陪同我们用各种交通方式在缅甸旅行——乘舟、坐飞机、坐火车、徒步。我们一起参观缅甸北部的佛教寺院，深入探访乡村孤儿院以及某个偏远的乡村，那里的村民仍然要从镇上的水井里取水。她帮助我们与当地人进行真实的交流，并与我们分享了她独特的观点。

缅甸政府十分注重国家的对外形象，因此，想要成为一名导游并不容易。琪琪必须做大量的功课，并且通过一些高难度的考试，才有资格成为导游。因此，她对缅甸历史的叙述十分小心，我们并不感到惊讶。但在分享自己的故事，讲述自己的家人对这片土地的深沉感情时，琪琪就会变得十分活跃。通过琪琪的深情讲述，我们得以用一种永远无法忘怀的方式去感受缅甸这个国家。

随着旅行接近尾声，是时候与我们挚爱的导游和新朋友们说再见了。站在停机坪上，我靠近琪琪，想给她一个拥抱。对美国人而言，这完全是出于本能的亲密动作——让我感到惊讶的是，她居然躲开了。尽管如此，她的目光依然停留在我身上。

出于尊重，我后退了一步，开始说："抱歉。"但她用坦率而谅解的眼神阻止了我，并表示没关系，她说道："我明白你的意思。"

那一刻我才明白，她并不是回绝这种情感，而是只是不能接受拥抱。琪琪解释道，拥抱不符合她这边的文化习俗。在见面问候和离别，以及建立情感连接的时候，人们通常不会拥抱，而是看着对方的眼睛，因为就像琪琪说的那样，眼睛是心灵的窗户。她说："通过与对方眼睛对视，我们看到了自己想知道的一切，而拥抱似乎是一种不诚实的表现。"

（实际上，"眼睛能够反映感情的深度和真实性"已经得到了一些科学依据支持。一位名叫纪尧姆·杜胥内（Guillaume Duchenne）的法国医生发现，真诚的微笑带来的鱼尾纹是由无法自主收缩的肌肉控制的。只有在发自内心地微笑时，人们眼角的皱纹才会出现。）

与琪琪在停机坪告别是无比痛苦的，不仅因为这意味着我们这场意义非比寻常的旅行宣告结束，还因为我从中了解到了一种全新而深刻的与人建立连接的方式。我和维罗妮卡一坐上飞机，就四目相对，眼含泪水，发誓要带全家人再次回到缅甸。

我们确实这么做了。第二年的圣诞节，我们带上孩子飞往茵莱湖旅游。我们又一次以深度而美妙的方式感受这个国家，有一点不同的是，通过孩子的视角，这种感受被放大了。第二次离别时，大家都心知肚明，不需要赘述。我们没有拥抱。我们知道，要用眼睛——心灵的窗户——去表达对与当地主人一起建立的连接的敬意。

第十三章
走出舒适区

只有当你专注于自己的梦想，而不是躲在舒适区时，生活才

会真正发生改变。

——比利·科克斯（Billy Cox）

我和妻子现在育有两个十几岁的孩子，我们开始意识到，一起吃饭的时间是我们与孩子进行为数不多的真正交谈的机会之一。为了保持这一时刻的神圣性，我和妻子决定，在吃饭的时候，我们需要想办法屏蔽各种电子设备的干扰。因此，我们所有人在吃饭前，都会将自己的手机放在一个篮子里，这比简单地放下手机更为奏效，因为将手机放在身边本身就会使人分心。[28]这一做法不仅将我们解放出来，让我们可以与孩子进行有趣而富有启发的交谈，他们的回答也不再是一个简短的单词，而且还催生了我们最喜欢的一个家庭传统。

我们想用不太物质化的方式庆祝生日，让每个人都能感受到其他家庭成员的重视，于是想到了一个办法，那就是看着过生日的人的眼睛，轮流向对方说祝词。如果对方坐在桌子离你最远的那一端，或者你无法直接面对他，那么为了看到他，你就不得不站起来。可想而知，刚开始，孩子们很厌恶这种做法。帕特里克和托马斯（Thomas）会把身子缩进椅子里，避免轮到自己。但他们逐渐变得很擅长这样做。现在他们会举起手来，争先恐后地去说祝词。

我们教孩子讲最简单的祝词或者演讲——不是那些通用的好听的话语，而是发自内心的真诚的话语。我们鼓励他们分享一段与过生日的人有关的小故事，或者一段让他们自我感觉良好的回忆。（比如"当我看到赖利起身与当地人一起跳舞时，我吓了个半死！"或者"还记得我们那次在野营的时候塞奇发烧了吗？帕特里克抓住她的手一整晚都舍不得松开！"）每当看到自己的祝词弄得全家人又哭又笑，赢得一阵阵欢呼时，他们就乐此不疲。全家人在这个仪式中留下了最值得怀念的时刻，不用说，孩子们也更加擅长公开演讲了！

几年前的夏天，我们全家在一艘船上度假时，刚好赶上父亲节，因此，孩子们为我准备了祝词。维罗妮卡喜欢提出一些主题，让孩子们把分享的重点放在我教他们的，并且至今仍然坚持的事情上。我的女儿塞奇现在30多岁，她回顾了我曾经对她讲过的走出舒适区的重要性。她说，自己之所以能够勇敢地放弃在大学里学习了4年的摄影，改而追寻自己的梦想，成为一名心理治疗师（也就是她现在所从事的职业），其中一个原因就是敢于走出舒适区。听了她的话后，我忍不住潸然泪下。得知我曾为我的孩子提供了能量，让他们敢于走出舒适区，我觉得自己非常了不起，因为我真的认为，只有走出舒适区，人们才能成就生命中最值得怀念的时刻。

几年前，我的好朋友汤姆·弗雷斯顿——我之前提到过的推荐我去缅甸的朋友——给我打来电话，邀请我加入前往塞内加尔（Senega）的临时男性旅行团，成员包括歌手大卫·马修斯（Dave Matthews）以及钓鱼乐队（Phish）的主唱兼吉他手特雷·阿纳斯塔西奥（Trey Anastasio）。这趟旅途有两个目的：一是举办一场猴面包树管弦乐团（Orchestra Baobab）重聚音乐会，该乐团精通非洲/非洲古巴（African/ Afro-Cuban）音乐，20世纪70年代在塞内加尔风靡一时；二是巴阿巴德·马尔（Baaba Maal）要开一场个人演唱会。巴阿巴德·马尔不仅是一名了不起的音乐家，还是一位当代的环球旅行者，20世纪80年代，他的音乐吸引了全世界的观众，他也成了非洲人民心目中的英雄。

这肯定会是一次激动人心的冒险之旅，但是我不确定是否要去。如果答应参加旅行，我就必须在不引起别人注意的情况下，清空那一周的全部日程安排，而且不得不坐一整天的飞机飞到地球的另一端。到了那里之后，我会整天与一群人待在一起——那群人里除了汤姆，其余的我都不认识。此外，我还需要考虑许多未知的因素和不便之处。我本来是有很好的理由拒绝的，但是我没有，我接受了汤姆的邀请。因为我对塞内加尔这个国家的文化、人民、与我同去的人，以及那些极具影响力、才华非凡的音乐家都感到好奇。我将走出舒适区，但是我认为这样做是值得的。

一抵达达喀尔（Dakar），我们就立刻将行李放在酒店，然后在这座城市里闲逛。我们都急切而兴奋地想要了解这座具有异国情调、充满吸引力的城市。我们旅行的第一站就是达喀尔最大的集贸市场桑达加（Sandaga）。市场上热闹非凡，货摊上兜售的商品种类繁多，从非洲各式的面罩和雕刻品到当地的织物和特色水果，只要你能想象到的，应有尽有。在塞内加尔，我们能够明显看到法国殖民者带来的影响，当然，这些法国色彩增加了城市内一些观光景点对游客的吸引力。但我们喜欢混在人群中，在购买日用品时与当地人交流。我们看见身着西装的商人跪在街道中央祈祷，此外我们还与一名说服我们品尝街边流行小吃阿克拉（accra）的妇女交谈。酥脆的豇豆油炸馅饼配上名为卡尼（kaani）的混合了番茄和洋葱的辣椒酱料，这让我想起了美国南方的炸玉米饼，真是美味。

第二天早晨，我们离开了达喀尔城区，前往雷特巴湖（Retba）。雷特巴湖又名玫瑰湖，位于一些白色沙丘和大西洋之间。湖泊带来的视觉体验令人震撼、难忘：藻类植物呈现出一大片绚烂的草莓红。我们下车后，村里的几十个孩子向我们跑来，拉着我们的手，将我们带到沙滩上。他们的父亲在那里用铁锹和铁棍从湖泊里采盐，而他们的母亲则在岸边等待，将装满盐的桶从船上提回岸边。这一基础行业为周围马里（Mali）、科特迪瓦（Ivory Coast）和几内亚（Guinea）等国家的家庭创造了收入。[29]那天下午，我们还去了戈雷岛（Gorée Island），戈雷岛被联合国教科文组织列为世界遗产地，曾是非洲海岸最大的奴隶贸易中心。美国总统布什、克林顿和奥巴马总统都曾到访过这里，纳尔逊·曼德拉（Nelson Mandela）也曾来过这里。这座岛屿是对过去深刻复杂的历史的沉痛怀念。

我人生中有过两次最迷人的音乐经历，那晚就是其中的第一次。巴阿巴德·马尔要为塞内加尔的贵族演出，我们幸运地成为他的嘉宾。我们与其他大约75个人一同坐在地上，看见3位女祭司歌手穿着长长的、飘逸的、华美的塞内加尔连衣裙入场。在整个表演的过程中，她们动作舒缓，几乎让人无法察觉，仿佛能起到催眠作用，随后开始加速——就在那时，巴阿巴德·马尔本人身穿一件华丽的红礼服出现了，令人心潮澎湃。他并没有一开始就唱大歌，而是以一首精美而深情的歌曲开场，然后突然爆发出能量，带给我们惊喜。他是一名令人叹为观止的表演者，一次又一次地点燃观众的热血。当晚长达3个小时的精彩演出，让我完全处于亢奋状态。

凌晨时分，演出结束，我们在外面吃了一头刚刚宰杀的山羊，这是当地的一项文化传统，他们很荣幸能与我们分享。在那里，我遇到了巴阿巴德，我已经看过了他的表演，他和人们预期的那样魅力超凡、充满活力。同时，在谈到自己的成长经历时，他显得平静而若有所思。他在一个名叫朱姆（Djoum）的村庄的河边长大，是半游牧的富拉尼人（Fulani）[30]。作为一名音乐家，他一生漂泊，当被问起回到家乡的感觉，以及为何这种感觉无与伦比时，他说："你能意识到你仍然是你自己，但是也有新的连接和体验成了你生命中的一部分。"我当然能够体会到这一点。

第二天晚上，我们去参加著名的猴面包树管弦乐团重聚音乐会。音乐会举办地位于达喀尔郊区，离我们的酒店有1个小时的车程。天色太暗，在前往举办地的途中，我们感觉就像是在深夜时分。我们到达的时候，场地已经是热火朝天、拥挤不堪了，人群摩肩接踵。我穿过人群，向舞台靠近，想近距离看到底是谁在进行这场不可思议的音乐表演——它融合了非洲古巴的韵律和非洲传统的音乐，与好景俱乐部（Buena Vista Social Club）演奏的音乐类似。乐队的主唱、鼓手、康茄鼓手、低音吉他手一起奏出震耳欲聋的音乐，每个人都在一起摇摆。我完全沉浸其中，只在乎体内音乐节拍的脉动。在如此陌生的国度，与一群陌生人产生如此紧密的连接，这实在是太离奇了。然而，不知何故，我们都理解了一起听音乐所带来的普遍情感。

走出舒适区能够通向人生中最意想不到的美妙连接。实际上，这些年来，我发现，如果不冒险尝试建立连接，我就会错过获得巨大的内外部奖励的机会。如果不尽可能频繁地走出自己的舒适区，我就会失去学习、成长、了解他人不同的看待世界的方式的机会。走出舒适区意味着承担风险。有时候，不管出于什么原因，这种冒险不会产生任何回报。但是，根据我的经验，更多时候，这种冒险能够带来回报。我发现，愿意走出自己的舒适区才是生命真正的起点。

第十四章
面　谈

梵文"namaste"的意思是"我的灵魂给你的灵魂以荣耀"。

当你与他人进行第一次眼神交流时，记得默默地对自己说一

声"Namaste"。这是一种承认"身处此处与身处彼处"无异

的方式。

——迪帕克·乔普拉（Deepak Chopra）

我在谢尔曼奥克斯（Sherman Oaks，又被称作"山谷"）的社区长大，生活范围十分狭窄。我的冒险活动半径几乎不会超出方圆3英里（约4.83千米），也就是我家、学校、杂货店，以及我婶婶海伦（Helen）和叔叔伯尼（Bernie）的家这几个地方。而且，阅读障碍进一步限制了我对世界的认识。其他人可以通过读书来开阔眼界、了解更多的观点，但我却做不到。然而，我渐渐地发现有一种简单易行的办法可以拓展我的眼界，让我过上更丰富多彩的生活——与人见面。

　　我们都受限于自身的思考方式、生活方式和观察方式。实际上，我们大部分人都太过于习惯用自己的视角来看待世界，因此会认为世界就是我们所想的那样。当我们得知其他人对世界具有完全不同的看法时，总是能够让我们耳目一新。这也是我总是寻找机会同那些与我有着完全不同的经历、观点和生活方式的人交流的原因所在。有时候，我会与某个特定的人进行一场"好奇心交谈"。[31]但更多时候，我会与随机碰到的陌生人进行交谈，无论对方是滑板运动员、调酒师、街头艺术家还是占卜师，只要他们能够吸引我的注意力，我都会与之进行交谈。无论对方是何人，我们以何种方式交谈，与他们交谈时，我都能够通过他们的眼睛来看待这个世界。我的生活变得更加丰富多彩，我也因此变成一个更擅长共情、更加富有同情心和智慧的人。下面我就分享几个小故事。

有一年的假期，我和维罗妮卡第一次决定去布宜诺斯艾利斯（Buenos Aires）度假。在那里的最后一晚，我们在朋友推荐的一家名叫法耶尔（Fayer）的现代而私密的阿根廷犹太餐厅用餐。我们到得很早，当时餐厅里的座位还有一半空余。我们并排坐在铺上软垫的矮长凳上，点了一瓶葡萄酒和一些热的法式咸香小面包。一位充满"磁性"的服务员引起了我们的注意。尽管他看起来很年轻，但他展现出了真正的魅力，让每一桌顾客都感到高兴，人们很容易误认为他是一名老练的总管。我们注意到，他在服务其他用餐者时极其用心，为我们下单、回答我们的问题时也十分仔细，而且理解得十分到位，这给我留下了深刻的印象。

我们对他赞不绝口，并由此打开了话题。我们从他口中得知，他名叫爱德华多（Eduardo），距离他当初只身一人来到这个陌生国家的陌生城市挨家挨户地找工作才过去短短4年的时间。尽管他当时没有工作经验，这家餐厅还是愿意给他一次机会。从那时起，他就一直在这家餐厅工作。

随着交谈更加深入，爱德华多分享了他的经历：他在18岁那年做出了一个艰难的决定——离开自己的祖国委内瑞拉。委内瑞拉当时正遭遇经济危机，暴力事件不断，食物严重匮乏，因此，爱德华多认为自己不得不离开祖国，他必须为自己创造机会。[32]我问爱德华多，是什么让他觉得自己可以在这个无亲无故的国家找到一份工作的。他解释道，他会说英语，而布宜诺斯艾利斯到处都是说英语的游客，这让他得以在这座城市立足。我想知道他是怎么学英语的，他告诉我们，在离开家乡之前，他通过玩英语电子游戏给自己上了一堂英语速成课。

夜色渐浓，我们继续分享奇闻逸事，爱德华多每端过来一道菜，或者一瓶饮料，都会分享自己生活中的更多细节。例如，他告诉我们，他快受不了与女友的异地恋了，打算一存够钱，就把她从加拉加斯（Caracas）带到这里来结婚。他给我们看了他和女朋友的合照，表示将来某一天一定会娶她。我们知道，这个小伙子可以做到他想做的任何事情。我们与爱德华多建立的连接让这顿美好的晚餐变成了一次难忘的经历。

我每周至少有一两次会去比弗利山庄布雄餐厅（Bouchon）吃午饭，从我的办公室步行到那儿只需要几分钟。有一天，我独

◉

自一人参加一场电话会议，我边讲边看向这家餐厅的露台，由于已经是下午晚些时候了，露台上几乎空无一人。我扫视了一遍餐桌，目光停留在坐在远处的一个男人身上。我注意到，他回头看了我一眼。

他之所以引起我的注意，不是因为他身穿黑色的普通高领毛衣和休闲裤，而是因为他浑身上下散发出无拘无束的活力。他在与身边的另外一个男人说话的时候，满脸热情，眼睛里闪烁着生命的光芒。他散发出的能量是如此剧烈，会让人不由自主地看着他。我甚至没意识到是我先看的他。

过了一两分钟我才注意到，那个男人的身旁放有一把特殊的椅子。准确地说，那不是一把普通的"轮椅"——不是我通常看到的那种轮椅——而是一把结实的、做工精致的"木质运载工具"，几乎就像是一个王座，只是安装了轮子。我还发现，那人的同伴不断地给他递东西，我突然想到，这名同伴肯定就是他的助理。

正当我准备结束电话会议的时候，那位助理站起来，将那名男子从他所坐的位置抬到了结实的"木椅"上。在那一瞬间，我明白了：那名乐观地主导整个露台、看起来如此活跃的男子，实际上自脖子以下的部位全是瘫痪的。

从某个方面来讲，这是个棘手而又格外复杂的瞬间。我们都曾受过教导，当看到别人明显与众不同之处时，出于谦逊或者避免冒犯对方、使对方尴尬，目光要有所回避。我意识到这名男子的状况之后，就是这样做的。我低头看着自己的大腿，切断我们之前四目相对时建立起的连接。但是，没过多久，我发现自己又在直视他。我实在是情不自禁，因为我太好奇了，想知道这个人到底是谁，是做什么的。

于是我站了起来，穿过露台向他走去。他面色温和，同我打招呼。他没想到我会过去找他，因此有些惊讶，但脸上并没有表现出不悦。

我说："您好，我能坐下来和您聊一会儿吗？"

当时的情形确实有点尴尬，但是我并不在意。"我叫布莱恩·格雷泽，我必须承认，我刚才打电话时一直在关注您。您看起来精力充沛，但是接着我发现，您居然瘫痪了。"

他似乎并没有感到被冒犯，谢天谢地，他只是看着我。

他回答道："是的，我已经瘫痪10年了。"

我问道："瘫痪是怎样的感觉？"当时，在某种特定的情境下，这个问题可能显得没分寸或者麻木不仁。但是，我们曾建立过连接，有过短暂的相互认可，我不想让了解这名男子的大好机会轻易溜走。

我之所以问这个问题，不是出于好奇的心态，而是因为对我而言，不能了解他过去经历的风险要比向他提问，然后遭到他断然拒绝的风险更大。我想竭尽所能地去了解他。这个问题会很愚蠢吗？假如我们试着更多地去了解对方的处境，这个世界不就会变得更仁慈一点吗？我想他从我的眼神中看到了我发自内心的真诚。

于是，他向我娓娓道来。他告诉我，他叫斯蒂芬（Stephen），从事私募基金工作。某种进展性疾病（progressive condition）引发了他的瘫痪，而这是一种很罕见的症状。他告诉我瘫痪所导致的各种并发症，以及自己是如何与这些并发症相处的。他曾经情绪波动很大，但现在似乎已经坦然接受了自己的处境。我问他是如何打发时间的，在乎什么，以及为何选择了现在的职业。我与他坐在一起，相互轮流问答。不管怎样，谈话就这么进行下去了。最后，我起身离开。通过这次对话，我和他建立了一段新的友谊。我们表示今后要继续保持联系，这些年来，我们也确实一直保持着联系。

去年在巴黎，我用优步（Uber）打了一辆车，并在车内等待。自从2015年11月巴黎发生恐怖袭击事件后，这是我第一次来到巴黎。在一系列恐怖袭击事件中，将近130人遇害，其中很多人是在巴塔克兰（Bataclan）剧院遇害的，当时美国摇滚乐队死亡金属之鹰（Eagles of Death Metal）正在那里演出。我曾在电视上看到过新闻报道，也在报纸上读过相关新闻。但我并不知道这座城市的居民到底如何看待这次恐怖袭击。

我坐在车后座上，盯着自己的手机，原本打算浏览信息。但是，转念一想，我决定与司机洛朗（Laurent）交谈。我问他对那次恐怖袭击有什么看法，它对他的个人生活以及对法国产生了怎样的影响。他将车停在停车场里，转过身来看着我。

在接下来的40分钟里，洛朗和我面对面地交谈起来，谈论那次恐怖袭击以及它在当下的意义。这是一次容易引起激动情绪的谈话。当洛朗吐露他为恐怖袭击事件感到羞耻时，我很惊讶。我料想他会伤心、害怕或者愤怒，但为什么是"羞耻"？他解释道：恐怖分子让法国人有了一种集体的无力感。他能够对我袒露心声，让我十分感动。这次谈话既加深了我对法国人的理解，也打开了一扇窗户，让我能够用自己未曾料想到的另一种方式来看待时事。

当我还小的时候，我的视野局限于加利福尼亚的那片小天地。如今，我的足迹已经遍布全球各地。但是，我身处何方远不及我与谁在一起重要。每次与人产生连接时，我都会被带到某个新地方。最棒的是，我并不需要花钱买票、拉着手提箱或者打开全球定位系统（GPS），只需要怀着好奇心，鼓起勇气和另外一个人开始交谈，愿意以开放的心态倾听和学习就可以了。

第十五章
眨眼之间

你真正能够掌控的是自己的思想,而不是外在事件。一旦意

识到这一点,你就能找到力量。

——马可·奥勒留

20多年前，我飞往底特律，当时我们在那里拍摄《8英里》这部电影。在我所制作过的电影当中，这是我最喜欢的电影之一，内容是关于埃米纳姆的，制作这部电影的想法起源于在我办公室的那次决定性会面。当时是在冬天，拍摄现场位于底特律冰冷的城区，周围了无生机。在那里停留几天之后，我意识到我需要离开。我渴望阳光和温暖，于是下定决心飞往夏威夷，赶赴另一部电影的拍摄现场。

　　《碧海娇娃》是一部以女性为主角的冲浪电影，在瓦胡岛北岸拍摄。我此前从未去过夏威夷这个地方，只是从其他电影和电视上看到过那里的场景，比如万岁管道（Banzai Pipeline）、森塞特比奇（Sunset Beach，"日落海滩"）、怀梅阿海湾（Waimea Bay）等地标性的冲浪点，因此很想去体验一番。飞机将要降落时，我透过窗口看到了你能想象到的最宽阔、最原始的沙滩和最蔚蓝的海洋。如果说底特律是一个严寒的梦魇之地，那么夏威夷简直就像是天堂，我完全被这里的景色吸引住了。我只开车转了一两个小时，就决定住在这里——没错，就是这样。（这绝对是我一生中做过的最极端的"现场"决定之一了！）我找了一间不错的房子：一座印尼风格的蓝瓦白墙的大房子，正好位于万岁管道这一西半球最为传奇的冲浪点附近。

我在夏威夷最初度过的那些日子，与我的预想别无二致。瓦胡岛北岸的热带风光、怀梅阿海湾对面郁郁葱葱的山脉，以及这里无忧无虑的生活氛围，都令我十分着迷。和往常一样，我内心焦躁不安，脑海中的故事多得记录不完，还有太多的事情要考虑，其中就包括当时正在底特律拍摄的那部电影。来到夏威夷，我感觉自己就像找到了绝妙的解药，至少从表面上来看，这里是完美的——景色宜人、生机勃勃、风和日丽，我的心情十分愉快。

我们在拍摄《碧海娇娃》这部电影时选用了当地的演员，只招募夏威夷本地人（这种做法在有关夏威夷的电影制作过程中很少见），部分原因是，我们想在这部电影中尽可能完美地融入当地特色。因此，有一天，我前往拍摄现场，看到一个不是我们的演员的人在附近闲逛。我感到很惊讶。他体格魁梧，神情冷酷。尽管他与演员之间的交流似乎友好而亲近，但在我的眼里，这个陌生人令人生畏。

我很快发现，这位名叫杰克（Jake）的男子来这里的明确目的是帮我们解决一些许可和安全方面的问题。实际上，他是当地达辉党（Da Hui）的成员——他们常常身穿深色冲浪短裤，因此又被称作"黑裤党"（Black Shorts）。达辉党于20世纪70年代中期在瓦胡岛北岸成立，目的是保护万岁管道免遭主要来自南非和澳大利亚的冲浪者的入侵。对夏威夷人而言，"尊重"是一个很重要的概念，特别是对夏威夷的海洋、令人垂涎的自然资源以及文化遗产要保持尊重。随着外国人大量涌入此地，这里的冲浪胜地变得拥挤不堪，一些大公司开始将他们祖辈发明的冲浪运动进行商业化运作，这让部分夏威夷人感觉自己没有得到尊重。

于是类似达辉党这样的组织决定联手抵制外来者，重新掌控海洋，并振兴对他们这个民族而言至关重要的冲浪运动。他们会游到海里打断冲浪比赛，要求其他冲浪者为自己让路。他们声明，将竭尽所能地保护自己的家园。如今，达辉党已经放弃了他们的激进主义根基，转而投身于更主流的事业，如在社区里做志愿者、生产服装、监控冲浪比赛的水上安全等。但是，他们捍卫夏威夷文化的承诺却从来没有改变过。

以杰克为首的达辉党新增了一项额外收费项目，这笔费用并不在我们拍摄《碧海娇娃》这部电影原先的预算范围内。但是，我们的制作团队经过内部协商后认为最简单的解决办法就是按照对方的要求交钱。这类趁火打劫的行为各个地方都有，这是在现场拍摄避免不了的问题，因此，我并不十分在意。

我和杰克相处得很愉快，甚至有时候还一起冲浪。不过，杰克的出现及其行为举止让我感觉受到了威胁。同时，这也开始改变我对瓦胡岛北岸的看法。也许我心目中的天堂并不是那么闲适恬静，也许我本就不属于这里。我先入为主的观念开始瓦解，我先前对这个地方抱有的安全感如今也变成了不确定感。

幸运的是，在夏威夷期间，我与布罗克·利特尔（Brock Little）建立了连接及友谊。我之前提到过他，他曾教我冲浪。他是一名职业冲浪运动员和特技表演者，同时，他还是夏威夷当地人。他保护我，带我在夏威夷四处走动。尽管瓦胡岛北岸派系林立，但布罗克有点像瑞士人：坚强且爱好和平，强大但不拉帮结派，与每个人都保持着良好关系。他与达辉党保持着友好关系，但不是其中的成员。通过布罗克，我了解了不少当地的文化，包括在水中的正确"礼仪"。

我了解到，与当地人一起冲浪时，特别是遇到那些好斗的大男子主义者时，永远不要在冲浪过程中盯着对方的眼睛看。如果你没有看向对方而不小心在冲浪过程中挡住了对方的去向，那么这只是一个意外事件，但如果你事先与对方有过眼神接触，那么这就会被理解为个人挑衅行为。即使是无意之举，这一行为也会被当地人视为"不尊重",他们会用厌恶的眼神盯着你。如果你被达辉党或者其他组织的成员用这种眼神打量，那么在1个小时之内，这件事便会在瓦胡岛北岸变得尽人皆知，而且据我所知，接下来你的车窗将会被砸烂，你也可能会被殴打住进医院。这些传闻只是虚张声势，还是真实情况，我不得而知。但是，我并不想以身犯险，一探究竟。

有时候，不去看对方的眼睛，与看对方的眼睛一样重要。在特定的文化背景下，我们看谁的眼睛，什么时候看，如何看，都能够塑造人与人之间的关系。在世界上某些地方，例如尼日利亚或东亚地区，进行过多的眼神交流会被视为失礼的行为。[33]在日本，学龄儿童被教导，说话时眼睛要看着对方的脖子，以使凝视的目光变得柔和。[34]而在伊朗，男人与女人进行眼神接触是完全不得体的行为。[35]

即使是在美国国内，也存在不允许进行直接眼神接触的情况。例如，在明尼苏达州议会，参议院条例36.8条规定"辩论期间的所有发言都应该面向参议院议长提出"。参议院议长坐在议会大厅的前方，因此，即使某位参议员是在与自己身后的人辩论，也不能看着对方，而只能面朝前方。[36]很明显，制定这项规定的目的就是杜绝辩论双方进行眼神交流，避免观点对立的代表之

203

间的挑衅升级，从而提高礼仪水平。

　　在其他一些情形中，看着对方的眼睛可能会使你自己陷入不利境地。1996年，当我制作电影《毒气室》〔*The Chamber*，根据约翰·格里森姆（John Grisham）同名小说改编〕时，拍摄地点在密西西比州立监狱。这是一所关押死囚的监狱，它广为人知的名称是"帕尔希曼农场"（Parchman Farm）。监狱长叮嘱我们，遇到囚犯时，千万不要看他们的眼睛。他知道那些囚犯会试图与我们进行眼神接触。对囚犯而言，与人接触是获取自己想要但无法得到的东西的一种手段。换句话说，这是一种操纵工具。

　　与杰克一同冲浪时，我十分注意自己的举止，他从未用厌恶的眼神盯着我看。但是，与他一起冲浪的经历让我了解了当地文化的新内涵，让我用一种新的方式去思考眼神交流。眼神交流既可以帮助建立深层次、可靠的连接，同时也是力量的展现。与达辉党打交道时，你必须谨慎地进行眼神交流，要根据相应的情形表达对对方的敬意。

　　我们拍摄完《碧海娇娃》这部电影（我很荣幸地说，这部电影掀起了一股热潮，将冲浪文化——准确地说是女性冲浪文化——推动了一小步，使其逐渐融入主流文化之中）后，我在夏威夷又度过了很长一段时间。我经常四处走动，对夏威夷也越来越了解。我并不是当地人，但是我也不是他们所谓的夏威夷白人（非土著的当地人）。当地人接纳了我，至少我是这么认为的。直到有一天晚上，我骑着自行车前往我常去的地方：经过日落海滩，前往一个名为V形岛（V-Land）的地方。

V形岛是达辉党的地盘，我当时正骑着自行车，哼着歌，这时候，突然从旁边的灌木丛里冒出来两个人，挡住了我的去路。

其中一人向我走过来，他和健美运动员一样强壮，胳膊和指关节上全是文身。他说："布莱恩，你在干什么？"

我认出了他，我曾经见过他一两面。他是我的冲浪玩伴杰克的一个同伴，是达辉党最令人胆寒、长相最可怕的成员之一。他向我走近，我立即明白这并不是一种社交行为，这个家伙心怀不轨。

"我在骑车呢。"我回答道，尽量使自己保持冷静。这时他的同伙也走上前来。

"布莱恩，你还没有交税呢。"

有那么一瞬间，我不知道他在说什么。交税？接着我意识到，他其实是想敲诈我。杰克在《碧海娇娃》的拍摄现场敲诈我们是一码事，但是这两个家伙想私下向我收保护费，这可就是另外一码事了。

我回答道:"噢,不,我已经交过税了。"

那名有文身的男子说:"我们这里可没有记录,现在是新的一年了,我们要收新税。"

通常情况下,我是一个非常活跃的人,我的事业可以依靠他人的能力和社交取得成功,但在遇到危险时,不知道为什么,我就会慢下来。我曾两次被人用枪口对着,还有一次飞机出现电力故障,眼看就要坠毁了。现在的情形和那些危险的场景有些相似,而我的思绪却变得十分平静。

"你知道吗? 我们在福联超市(Foodland)看到了你的女朋友,"那名有文身的男子说道。福联超市是所有冲浪爱好者的聚集地,也是瓦胡岛北岸的社交中心。"她很漂亮,我希望她一切都好,我们可不想看到她发生不好的事。"

他们真的是在威胁她吗? 还是在威胁我? 他们到底想干什么? 这是一件很严肃的事情,我必须作出正确的回应。我没有口头回答,或者与对方交涉,而是采用了不同的方法。就像我此前发现在冲浪时不应该看达辉党成员的眼睛一样,我很早就学会了(是从我的当地朋友布罗克那里学到的)在陆地上与他们交涉时应该采取截然相反的方式。谢谢你,布罗克。

我并没有因为害怕而转移目光,而是遵循了布罗克的建议,用自信而尊敬的眼神看着有文身的男子，既没有沮丧地低下头，也没有直视对方。我与他默默对视了很长一段时间。

我最后说道："没有问题，我已经交过税了，我们都挺好的。"

我坐回到自行车座上，然后骑车朝着日落的方向走去。让我感到吃惊的是，他们并没有试图阻拦我。骑车的时候，我的心脏开始怦怦地跳个不停，心想：刚才到底发生了什么事？

现在回想起来，我意识到，我当时只是用自己的眼神来平息事端，稳定住了局面。只是简简单单地看对方一眼，我就能应对复杂的局面。一方面，我让自己的对手知道，我并不软弱，他不能通过恐吓来使我屈服；另一方面，我承认了对手的实力，也因此了解到了一段令人头疼的"故事"——在这段故事中，我和无数以各种方式不尊重夏威夷人和夏威夷文化的外来者联系在了一起。

我依靠当制片人谋生，但实际上我是一个讲故事的人。故事总是关于人与人之间的感觉沟通。人们倾向于将生活视为二元对立的，对与错或者成功与失败，但"感觉"要比这种对立面微妙得多。因为"感觉"的变化无穷无尽，而它同时也是不容争辩的。你无法确切地感受到其他人的感觉，或者他们是如何体验这个世界的。和故事一样，"感觉"也是主观的。如今，人们也许迫切需要的是让自己的故事得到别人的倾听和认可。

我们难道不都想这样吗？我们难道不想得到别人的认可吗？我认为，那天发生在我与那两位达辉党成员之间的事情就是这种情况。我并不想质疑他们的"故事"，相反，我用一种既能维持我自身的形象，又能认可他们的势力、权威以及对世界的体验的方式来看着他们。

第十六章
眼睛会说话

还有比上帝爱你感觉更美妙的事吗？

——艾瑞莎·弗兰克林（Aretha Franklin）

我在成长过程中同时受到犹太教和天主教的双重影响，我的母亲是犹太教徒，而我的父亲则是天主教徒。我10岁以前，基本上过着天主教徒的生活。我出生后接受过洗礼（奇怪的是，信奉犹太教的母亲坚持让我接受洗礼，这可能是出于对我父亲的信仰的尊重）。小时侯，我每周日都会参加教义问答。我甚至还记得我曾经在古巴导弹危机期间前往圣巴巴拉市（Santa Barbara），穿过铁路，在附近的一家布道所祈求平安。

　　尽管如此，天主教的某些让人畏惧的理论——我在童年时期对原罪、死亡和下地狱感到十分恐惧——还是让我不堪忍受，我更熟悉犹太教的传统，因为对我来说，这些传统更温暖、更鲜活。我和祖母索尼娅每年会去教堂好几次，她会给我讲有关犹太教信仰的故事。她也经常带我一起参加逾越节家宴，一起庆祝犹太教的各种节日。

　　随着年纪渐长，虽然对上帝的信仰从未衰减，但我并未特别认同伴随我成长的任何一种信仰。

　　维罗妮卡与我不同，她父母都是虔诚的天主教徒，母亲是菲律宾人，父亲是美国人。她曾在圣高隆天主教小学（St. Columba Catholic elementary school）就读，并从美国最古老的天主教耶稣会大学——乔治敦（Georgetown）大学毕业。她对上帝绝对忠诚，还曾介绍我加入圣莫尼卡天主教堂社区。实际上，我们就是在圣莫尼卡天主教堂举行婚礼的。

我经常与维罗妮卡一起去教堂，因此，我与牧师劳埃德·托格森（Lloyd Torgerson）阁下逐渐变得熟络起来。他上进、富有才华，深受信徒爱戴，是圣莫尼卡天主教堂社区及整个洛杉矶市的精神领袖。我和他第一次见面时，他看着我的眼神给我留下了深刻的印象。我一生中遇见过很多牧师，已经习惯从他们的眼神中看到同意或者不同意的暗示，而托格森阁下的眼神与众不同，他的眼里只有深沉的爱和仁慈。

在成长过程中，我一直认为天主教义强调的是罪孽与审判，但是托格森阁下宣扬的天主教义却完全不同。他是一名魅力超凡、极具天赋的演说家，他每周的布道辞都充满力量，无论主题是什么，他所传达的信息总是鼓舞人心、切中要害，并且源于爱。它直击人心，而不仅仅是思维。托格森阁下还有一项特殊的才能，那就是用故事甚至自身的谬论，以及自身与谬论抗争的经历来阐述道理，帮助我们理解生命的意义。他将故事与启发性的反思联系起来，帮助我重新确定生命中重要事物的优先顺序。我每次都带着有意义的反思离开，在更高层面上思考自己存在的理由以及生命中最重要的东西是什么。因此，我和托格森阁下成了密友，他对我的精神世界产生了深刻的影响。

有一天，维罗妮卡告诉我，教堂有几个人打算一起去以色列，我对此很感兴趣，也很犹豫。首先，我不太喜欢组团旅行，其次，虽然已经没有那么抗拒天主教义，但我不敢说对第一次与宗教团队一起去以色列旅行完全放心。尽管如此，我还是十分好奇，而且我知道这趟旅行对维罗妮卡而言意义重大。因此，我同意一起前往以色列，开启我和维罗妮卡的蜜月之旅。

我们从洛杉矶直飞特拉维夫（Tel Aviv），在那儿停留了一晚，重整队伍，接着再次启程，加入从圣莫尼卡飞过来的队伍。最终，大部队抵达加利利海（Sea of Galilee）附近的塔布加（Tabgha），我们将在那里参观五饼二鱼堂（the Church of the Multiplication）。

五饼二鱼堂是塔布加最神圣的地方，据传，耶稣在此上演了"五饼二鱼"的神迹。队伍聚集在一起做弥撒，我承认自己有些格格不入。和往常一样，我又想起了祖母索尼娅。但是这次，我想要知道她会如何看待我与天主教团体一起参观圣地（Holy

Land）。我的内心出现了一场精神危机：我是否背叛了她？我是否背叛了上帝？或者更宽泛地说，我是否背叛了自己的信仰？我的信仰到底是什么？

"精神危机"这一说法可能听起来有些宏大，但是当你来到像以色列这样的地方，当你同时感受到与过去深爱的人（祖母索尼娅）和现在深爱的人（维罗妮卡）之间的连接时，你就会情不自禁地思考这些宏大的问题。

准备去吃圣餐的时候，我发现伊莱（Eli）站在不起眼的位置，伊莱是我们的向导，我之前和他私下交流过。我告诉他我刚出生时是犹太教徒，在成长过程中又受到了天主教影响，而我的妻子是一名天主教徒。伊莱告诉我，犹太教徒、基督教徒和穆斯林都声称以色列是自己的地盘〔引人注目的是，在耶路撒冷（Jerusalem）中央，有一块面积大约是美国华盛顿国家广场（Mall in Washington）两倍大的地方，坐拥三处重要圣迹：穆斯林第二大圣寺——阿克萨清真寺（the Al-Aqsa Mosque）、犹太教圣迹——西墙（the Western Wall），以及基督教徒相信的耶稣遇难、安葬和复活的地方——圣墓教堂（the Church of the Holy Sepulchre）〕。在这趟旅途中，我与伊莱之间的对话变成了长达数小时的对各自信仰的探讨。

那天，当伊莱用温和而好奇的眼光打量我时，我几乎可以读出他内心的想法：你的母亲信犹太教，父亲信天主教，呃……布莱恩，那你是怎么想的？

我回看他时，祖母的形象出现在我的脑海里。就在那一时刻，我知道，我并没有背叛她、背叛上帝或者背叛我自己。相反，我在努力探索我是谁，我的信仰到底是什么。尽管这个地方的宗教冲突由来已久、持续不断，但我还是能够与我见到的那些人融为一体。漫步于这座城市时，我被深沉的爱所触动。尽管人们认为这里不安全，可我却拥有一种安全感。我之所以有安全感，也许是因为我所在的地方对三大宗教都影响深远，也或许是因为《圣经》描述的事件刚好发生在这座城市里。我不是很确定到底是出于什么原因，但我的确感觉安全。

两天后，我们这一群"教徒"计划走"苦路"（the Via Dolorosa）。苦路又名"苦难之路"，据称，这条位于耶路撒冷旧城（Old City of Jerusalem）的街道，正是当年耶稣前往接受十字架刑时走过的路。以苦路十四处（Stations of the Cross）为标记，终点是圣墓教堂，苦路是基督教徒的重要朝圣道路。经过这条蜿蜒的道路时，朝圣者一路歌唱，轮流模仿耶稣背十字架。

果不其然，维罗妮卡想要一起去体验。因此，我们定好了凌晨四点的闹钟，在伸手不见五指的夜里，从大卫王（King David）酒店前往位于旧城的集合点。我们整个团队大约有40人，轮流背十字架和歌唱。我们途经苦路十四处的每一处时都念了一段经文，然后去往下一处。

伊莱阁下拍了拍我的肩膀，表示轮到我背十字架了。当我背起10~12英尺（约3.05~3.66米）高、沉重的木制十字架，走在这条狭窄的古道上时，太阳刚开始升起。我们一路歌唱，直到最终抵达圣墓教堂里的各各他〔Golgotha，又名"骷髅地"（Calvary）〕。当我们走进去的时候，我注意到伊莱的眼神。这次，他的眼神和之前有些不一样，不是好奇的眼神，而是渴望建立连接的眼神。我们两人对视良久，一起分享同样的精神追求。

第十七章
我们需要连接

我认为我们追求的是活着的体验，因此，只有纯物质层面的

生命体验与内心最深处的自我以及现实产生共鸣，我们才能

真正感受到活着的喜悦。

——约瑟夫·坎贝尔（Joseph Campbell）

◉

多年前，我住在马利布(Malibu Colony)，那是一处靠近佩珀代因大学(Pepperdine University)的住宅区。我只是临时住在那里，因为我在城区里的房子正在施工。我在马利布的房子位于住宅区的最边缘，那里有一条私人通道可以通往公共海滩。在通常情况下，海滩上极其拥挤，因此我喜欢早起，在露台上喝咖啡，欣赏海滩人满为患之前的风景。海滩上通常会有几个人散步或冲浪，但是整体而言十分平静。一天早晨，我来到露台，大概是早上七点半，我发现只有我孤零零的一个人。海滩看起来空荡荡的，从我所坐的位置放眼望去，看不到一个人影。然而，当我小口抿着咖啡，俯瞰海滩时，突然意识到，海滩上确实有人——在海滩尽头，靠近海水，涨潮时会被淹没的地方，躺着一个人。这个景象太奇怪了，我过了一会儿才确定自己盯着看的是一个人，又过了一会儿回过神，那个人情况好像不太好，她的身体看起来一动不动。

我飞速跑下楼，朝海滩上她所在的位置奋力奔跑。我至少用了一两分钟才跑到那里。靠近时，我看见两个小女孩站在她旁边，一脸惊恐。这时候我发现，我跑下来要救的人不是成年人，而是一名青少年。她的身体在抽搐，胳膊在无意识地颤动。看样子，她应该是某种疾病发作了。

我在她身旁蹲下，潮水正拍打着她倒下的地方，她的脸浸泡在海水里，胳膊在身体两侧抖动。我托起她的后背，将她拖到一片干燥的沙滩上。我从未接受过任何正规的医疗培训，我不是急诊医师（EMT）之类的专家，但是我记得上高中的时候，班上有个男孩在餐厅里癫痫发作的情景，因此，我知道需要清除她口中的堵塞物。最后，我从她嘴里取出一块口香糖。

她几乎毫无意识，浑身湿漉漉的，纹丝不动。她的双眼此前一直呈半闭的状态，这时候突然睁开，眼神空洞，没有任何生命迹象和生气。那一瞬间，我盯着她的双眼，确信她将会死去。接着她的双眼就像之前突然睁开一样，又突然闭上了。

我内心悲痛万分，感到有心无力，只能绝望地扫视海滩，寻找其他人过来帮忙。我无法与她产生连接，只能眼睁睁地看着她的生命不断流逝。不知你是否看到过快要死去的人，就像之前只经历过一次那样，你会在那一瞬间感受到某种形而上的特质，某种势不可挡的精神力量。

那一次近距离接触死亡的经历发生在我刚刚9岁那年。当时我们一家人住在加利福尼亚州北岭（Northridge），而我的"课外工作"是沿着某条路线送报纸。一天,当轮到我送报纸时,我看到一位老人躺在马路中央一辆翻倒的汽车旁。当时是清晨,很明显,这场事故刚发生不久。一辆露营车撞上了老人的雪佛兰汽车,导致雪佛兰汽车翻车,把老人从车里甩了出来。我可以听到救护车的汽笛声,人们也开始聚集起来。尽管我当时只是个小孩,可是我内心还是感受到了一种难以置信的明显的悲痛。那个老人没有了生命迹象,去世了。我看着他躺在地上血流满地,震惊得说不出话,如今我才意识到那是人类共同的人性在起作用。

发生在海滩上的这一幕和我9岁时的经历还是有差别的。因为这时候我已经是一名成年人了,按照生命周期来看,也许我离死亡更近,但这个女孩还只是个孩子。

"乔治娅(Georgia)!"一个女人大声喊道。

就在那几秒钟,也许更长些,但几乎就是一瞬间,我回头看了看,谢天谢地,有个女人正朝我们这边跑过来。

"乔治娅!"

女人朝我们这边跑来时,我发现自己认识她:她是梅丽莎·马西森(Melissa Mathison),电影《E.T.外星人》(*E.T.*)的编剧哈里森·福特(Harrison Ford)的妻子(如今已故)。她恰好就是那名女孩的母亲。我想——现在很难回想起来了——我当时肯定对她大喊大叫，让她寻求帮助，并且拨打911。

幸运的是，在住宅区的大门外有一家救助站，医护人员马上就赶到了。但是，在医护人员到来之前，我一直待在原地，跪在女孩身旁，观察她那张半清醒的脸。那一刻，我感觉自己很脆弱，无法掌控接下来的局面。对我而言，这种基本的不确定性正是人类体验的关键所在。她能活下来吗？谁也不知道。这段经历中最难忘的部分是我感受到的连接，不仅是与她本人的连接，还有与她的命运的连接。

她被直升机送往加利福尼亚大学洛杉矶分校（University of California at Los Angeles，UCLA）的医疗中心抢救。庆幸的是，她后来完全康复了。

在那次事件发生后的大概5年后，我正穿过我在纽约时常下榻的美世酒店（Mercer Hotel）的大厅，突然注意到哈里森·福特坐在一张沙发上。当时，我只知道他是一个演员，而我想拍摄一部关于1999年发生在马萨诸塞州的伍斯特冷藏仓库（Worcester Cold Storage and Warehouse Co.）的一场火灾的电影，那场残忍而恐怖的火灾夺走了6名消防员的生命。哈里森已经同意主演这部电影，但是这部电影还未开拍。他十分强壮，有些粗鲁，力大无比，正如你根据他饰演的角色所想象的那样。他为人正直，一听说她女儿在海滩上发生意外，就立刻打电话向我表示感谢。在很长的一段时间里，它就像是另外一个世界里的现实，除了我的家人，我从未向其他人提及此事。

当我穿过美世酒店大厅时，哈里森大声叫住了我。他招手让我去他坐的地方，他身旁坐着一位20岁出头的姑娘。

"过来跟我们喝一杯。"

我朝他们走了过去，酒吧里很拥挤，当时正逢纽约时装周。因此，我们三个人就挤在这家人潮拥挤的酒吧里。

哈里森问我："你还记得这个女孩吗？她是我女儿乔治娅。"

我当然认出了她，而且她也认出了我。看到她机敏而精神饱满，我如释重负。我们坐在一起，喝了一杯酒，我们感觉像是被一种无法形容的连接绑在了一起。这种连接是无法形容的经历——我们共同的人性和转瞬即逝的死亡。

我们都是人类，我们都有情感，我们都有可以分享的东西，我们为连接而生。连接是我们在世上短暂而甜蜜的时光里成长、发现、感受喜悦和寻找意义的源头。我们只需要主动敞开自己的思想和内心，选择与和我们站在一起的人们进行眼神交流。无论连接是持续一瞬间，还是维持一生，无论连接是简单的还是极具挑战的，我们总是会因此成为更好的人。

致谢

　　塞奇、赖利、帕特里克和托马斯：我希望你们在探索与他人一起创建有意义的连接的方式或者从内心及外部世界寻找满足感时，能领会我人生中的这些故事和教训。我祝愿我们的生日会祝词将一直持续下去。

　　这本拙作得以完成，要感谢诸位朋友和同事的智慧和创造力，他们是马尔科姆·格拉德威尔、布赖恩·卢尔（Bryan Lourd）、亚当·格兰特（Adam Grant）、迈克尔·罗森堡（Michael Rosenberg）、里莎·格特纳（Risa Gertner）、朱莉·吴、塔拉·波拉切克（Tara Polacek）、西蒙·斯涅克、威尔·罗森菲尔德（Will Rosenfeld）、斯蒂芬妮·弗雷里希（Stephanie Frerich）以及其他所有一路给予我指导的人。

　　我尤其要感谢的是我的朋友詹娜·阿卜杜（Jenna Abdou）和萨曼莎·维诺格勒（Samantha Vinograd），她们在交稿截止日期临近时帮助我完成了繁重的工作。

她们了解本书想传达的愿景并让它变得更好。谢谢你，让·哈勒姆（Jenn Hallam），你如西蒙在托斯卡纳（Toscana）所描述的一样，是一位名副其实的超级明星。

几乎每个周末，我都会与一位密友会面喝咖啡。谢谢你，鲍勃·伊热（Bob Iger），谢谢你给予我的无价友谊。

西蒙与舒斯特出版公司（Simon and Schuster）的总经理、出版商乔恩·卡普（Jon Karp）从一开始就喜欢书中讲述的眼神交流和个人连接。感谢您的耐心与鼓励。

此外，我非常感谢我的朋友——著名艺术家马克·布拉德福德（Matthew Specktor），感谢他为拙作提供插图（原版封面）。布拉德福德的故事一直令我感动：他的母亲在克伦肖（Crenshaw）开了一家美容店，他在那里工作维持生计，直到40多岁才有机会和资金成为一名艺术家。在这个年纪，要想达到他这样的成就是十分困难、极其罕见的。他是，并将永远是这个世界上的独特的存在。

感谢小说家、编剧马修·斯派克特（Matthew Specktor），在他的帮助下，本书才最终成形。我们多次因为在后门廊吃墨西哥煎蛋早餐（huevos rancheros）而见面，他总是很耐心地听我讲述书中的故事。

作为一名电影和电视制片人，我每天都会做出许多定性决定。每当我做出一个决定，并告诉自己这个决定已经足够好的时候，这个决定通常都很糟糕。就拿本书来说，当书稿上交，新书信息出现在亚马逊网站上时，我认为我已经做好出版的准备了。截止日期当天，我那无比坦率的妻子维罗妮卡将我拉到一旁，对我说，这本书只是"足够好"。我立即领会了她的意思。她是"催化剂"，也是我的思想伴侣，激励我回过头来花更多时间让这本书变得更好。她苛刻地督促我奋进，我永远感激她。

每天，维罗妮卡都会教导我和我们的孩子什么是真正的人与人之间的连接，不是通过言语，而是花时间去观察人们，倾听人们的内心，让人们感受到自身的重要性。她是上天的恩赐，是本书以及我的生命真正的合著作者。感谢上帝将她赐予我。

注

释

[1] "Can Relationships Boost Longevity and Well-Being?" *Harvard Health Publishing*, Harvard Medical School, June2017, https://www.health.harvard. edu/mental-health/ can-relationships-boost-longevity-and-well-being/.

[2] "An Epidemic of Loneliness," *The Week*, January 6, 2019, https:// theweek.com/ articles/815518/epidemic-loneliness/.

[3] Ceylan Yeginsu, "U.K. Appoints a Minister for Loneliness," *New York Times*, January 17, 2018, https://www.nytimes.com/2018/01/17/world/europe/uk-britain-loneliness.html.

[4]   Maria Russo, "The Eyes Have It," *New York Times*, March 25, 2015,https://www.nytimes.com/interactive/2015/03/25/books/review/25childrens.html.

[5]   Flora Carr, "Rapping for Freedom," *Time*, May 17, 2018, https://time.com/collection-post/5277970/ sonita-alizadeh-next-generation-leaders.

[6]   Steven Kotler, "Social Flow: 9 Social Triggers for Entering Flow," *Medium*, Feb 21, 2014, https://medium.com/@kotlersteven/ social-flow-b04436fac167.

[7]   "Steven Kotler on Lyme Disease and the Flow State," Joe Rogan Experience Podcast #873, YouTube, November 21, 2016, https:// www.youtube.com/watch?v=X_yq-4rem00.

[8]   Jill Suttie, "Why Curious People Have Better Relationships," *Greater Good*, May 31, 2017, https://greatergood.berkeley.edu/article/item/ why_curious_people_have_better_

relationships/.4P_Grazer_FaceToFace_KB.indd 195 7/16/19 10:08 AM.

9   "Winfrey's Commencement Address," *The Harvard Gazette*, May 31, 2013, https://news.harvard.edu/gazette/ story/2013/05/ winfreys-commencement-address/.

10   Sue Shellenbarger, "Just Look Me in the Eye Already," *The Wall Street Journal*, May 28, 2013, https://www. wsj.com/articles/SB1000142412 7887324809804578511290822228174/.

11   Jill O'Rourke, "For Riz Ahmed, There's a Difference Between 'Diversity' And 'Representation' In Media," *A Plus*, October 10, 2018, https://articles.aplus. com/film-forward/riz-ahmed-trevor-noah -diversity-representation/.

12   Simon Sinek, "How Great Leaders Inspire Action,"

TEDx Puget Sound, September 2009, https://www.ted.com/talks/simon_sinek _how_great_leaders_inspire_action?language=en/.

13   "The City: U.S. Jury Convicts Heroin Informant," *New York Times*, August 25, 1984.

14   Mark Jacobson, "The Return of Superfly," *New York Magazine*, August 14, 2000, http://nymag.com/nymetro/news/people/features /3649/.

15   Ayanna Prescod, "9 Fashion Staples You Need Inspired by Cookie Lyon from 'Empire,'" *Vibe*, January 14, 2015, https://www.vibe.com /2015/01/9-fashion-staples-you-need-inspired-by-cookie-lyon-from -empire/.

16   Adam Gopnik, "Can Science Explain Why We Tell Stories?," *The New Yorker*, May 18, 2012, https://www.newyorker.com/books/ page-turner/can-science-explain-why-we-tell-

stories/.

[17] Mike Fleming Jr, "Netflix Wins 'Tunga,' Animated Musical from Zimbabwe-Born Newcomer Godwin Jabangwe; First Deal out of Talent Hatchery Imagine Impact 1," *Deadline*, February 14, 2019, https://deadline.com/2019/02/ tunga-netflix-animated-musical-zimbabwe-newcomer-godwin-jabangwe-imagine-impact-1-1202557570/.

[18] Stephen Covey, *7 Habits of Highly Effective People* (New York: Simon & Schuster, 1989), 251.4P_Grazer_FaceToFace_ KB.indd 196 7/16/19 10:08 AM.

[19] Celeste Heiter, "Film Review: The Man Who Would Be King," *ThingsAsian*, September 29, 2006, http://thingsasian. com/story/ film-review-man-who-would-be-king/.

[20] Martin Stezano, "One Man Exposed the Secrets of the Freemasons. His Disappearance Led to Their Downfall,"

January 24, 2019, https://www.history.com/news/freemason-secrets-revealed/.

21 Mo Rocca, "Inside the Secret World of the Freemasons," *CBS News,* December 8, 2013, https://www.cbsnews.com/news/inside-the-secret-world-of-the-freemasons/.

22 tezano, "One Man Exposed the Secrets of the Freemasons. His Disappearance Led to Their Downfall."

23 "List of Presidents of the United States Who Were Freemasons," Wikipedia, accessed April 14, 2019, https://en.wikipedia.org/wiki/ List_of_Presidents_of_the_United_States_who_were_Freemasons.

24 Rocca, "Inside the Secret World of the Freemasons."

25 "Freemasonry Under the Nazi Regime," *Holocaust Encyclopedia,* United States Holocaust Memorial Museum,

accessed April 14, 2019, https://www.ushmm.org/wlc/en/article. php?ModuleId= 10007187/.

[26] "Suppression of Freemasonry," *Wikipedia*, accessed April 14, 2019, https://en.wikipedia.org/wiki/Suppression_of_ Freemasonry.

[27] "A Standard of Masonic Conduct," *Short Talk Bulletin*, 7, no.12 (December 1929), http://www.masonicworld.com/education/ files/ artfeb02/standard%20of%20masonic%20conduct.htm.

[28] Adrian Ward, Kristen Duke, Ayelet Gneezy, and Maarten Bos, "Brain Drain: The Mere Presence of One's Own Smartphone Reduces Available Cognitive Capacity," *Journal of the Association for Consumer Research* 2, no. 2 (April 2017), https://www.journals. uchicago.edu/doi/10.1086/691462.

[29] Olivia Yasukawa, "Senegal's 'Dead Sea': Salt Harvesting in the Strawberry-Pink Lake," *CNN*, June 27,

2014, https://www.cnn.com /2014/06/27/world/africa/senegals-
dead-sea-lake-retba/index .html.

4P_Grazer_FaceToFace_KB.indd 197 7/16/19 10:08 AM.

[30] Kevin E. G. Perry, "Where the Magic Happens: Baaba
Maal Interviewed," *The Quietus*, January 19, 2016, https://
thequietus.com /articles/19559-baaba-maal-interview/.

[31] Brian Grazer, *A Curious Mind* (New York: Simon &
Schuster, 2015).

[32] Rahima Nasa, "Timeline: How the Crisis in Venezuela
Unfolded," PBS Frontline, February 22, 2019, https://www.pbs.
org/wgbh/ frontline/article/timeline-how-the-crisis-in-
venezuela-unfolded/.

[33] Geri-Ann Galanti, *Caring for Patients from Different
Cultures* (Philadelphia: University of Pennsylvania Press,
2004), 34, https:// books.google.com/books?id=nVgeOxUL3cYC&pg
=PA34#v= onepage&q&f=false/.

[34] Robert T. Moran, Philip R. Harris, Sarah V. Moran, *Managing Cultural Differences: Global Leadership Strategies for the 21st Century* (Butterworth-Heinemann, 2007), retrieved December 17, 2010, 64.

[35] Alicia Raeburn, "10 Places Where Eye-Contact Is Not Recommended (10 Places Where the Locals Are Friendly)," The Travel, September 12, 2018, https://www.thetravel.com/10-places-where-eye-contact-is-not-recommended-10-places-where-the-locals-are-friendly/.

[36] Ailsa Chang, "What Eye Contact—and Dogs—Can Teach Us About Civility in Politics," NPR, May 8, 2015, https://www.npr.org/sections /itsallpolitics/2015/05/08/404991505/what-eye-contact-and-dogs -can-teach-us-about-civility-in-politics/.

我们与他人进行眼神交流其实是在识别对方的人性，

反过来，对方也可以识别我们的人性。

开始进行眼神交流吧，看你的生活将会因此发生怎样深刻的变化。